W0462148

Magie der Blumen

Übersetzung: Linda Gräfe
Umschlaggestaltung, Satz und Layout: Rufus C. Camphausen
Fotografie: Christina & Rufus C. Camphausen

Die Originalausgabe erschien unter dem Titel *Magie der Bloemen*
bei Uitgeverij Schors, 2000, Amsterdam, Niederlande

ISBN 90 76274 79 7

Auskünfte: www.irisbuch.com

Eva Sawada

Magie der Blumen

IRIS
Bücher & mehr

Verantwortung

Der Autor hat sich darum bemüht, alle Risiken aufzuführen, die mit dem Züchten oder der Verwendung der in diesem Buch beschriebenen Pflanzen verbunden sind. Der Autor und der Verleger raten davon ab, diese Pflanzen zu verzehren, ohne vorher einen Arzt oder eine andere, offizielle Quelle befragt zu haben. Lesern, die auf irgendeine Weise mit den beschriebenen Pflanzen experimentieren wollen, empfehlen wir, erst einen erfahrenen Spezialisten zu Rate zu ziehen.

Die Informationen in diesem Buch wurden vom Autor und dem Verlag so weit wie möglich erprobt und inhaltlich sorgfältig kontrolliert. Der Autor und der Verlag übernehmen keinerlei Haftung für eventuellen Schaden, der durch den Gebrauch oder Missbrauch der Informationen in diesem Buch entsteht. Die Informationen in diesem Buch sind für Interessierte gedacht und nicht als Therapie- und Diagnoseanweisung im medizinischen Sinne zu verstehen.

Inhalt

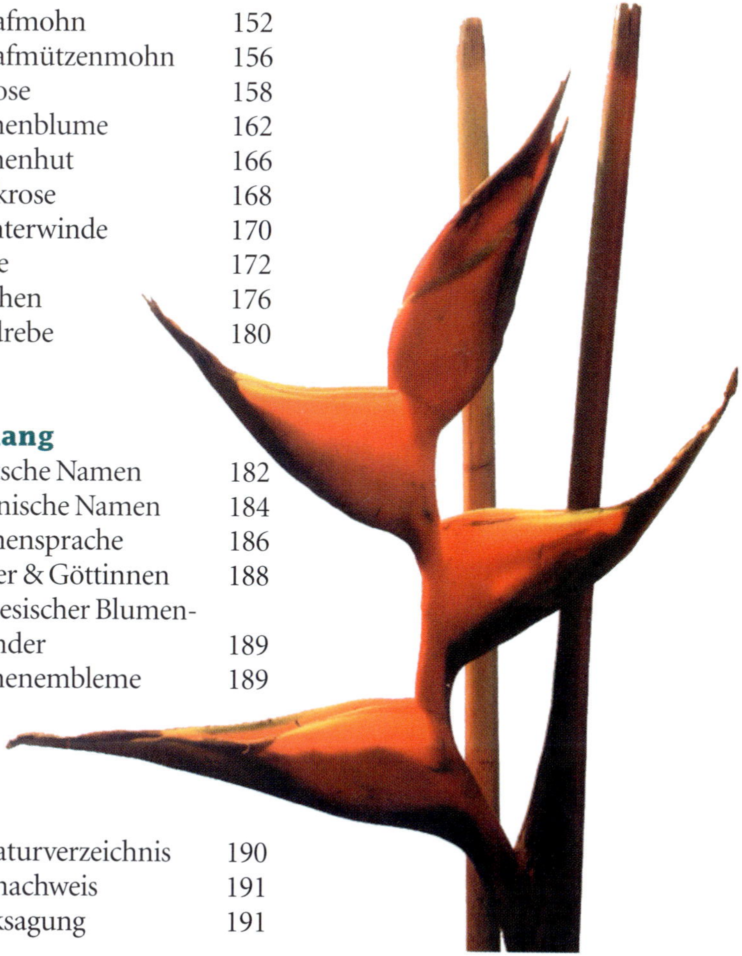

Anemone

Mandel

Azalee

Einführung

Eine Blume ist eine Blume ist eine Blume …

Blumen erwecken viele Assoziationen: Der eine denkt an Tulpen, Narzissen und Rosen beim Blumenhändler an der Ecke, der andere hat Geranien und Petunien auf dem Balkon vor Augen oder die tropische Flamingoblume im Wohnzimmer. Ein sportlicher Wanderer denkt an Klatschmohn, Ringelblumen und Sommerflieder an Rad- und Wanderwegen und jemand mit einem kleinen Garten liebt herrlich duftende Blumen wie Gardenien, Jasmin, Geißblatt und Engelstrompete.

Solche Assoziationen mit Blumen sind von Person zu Person natürlich verschieden und über Erfahrung und Geschmack lässt sich nicht streiten, doch eigentlich bietet keine dieser Betrachtungsweisen ein vollständiges Bild vom wirklichen Charakter einer Blume. Darum sind diese Assoziationen, so persönlich und wertvoll sie auch sein mögen, doch unzureichend für ein wirkliches Verständnis ihrer unbegreiflichen Schönheit und zum Beispiel ihrer mythologischen und symbolischen Hintergründe, obwohl gerade diese Hintergründe dem Erleben der Blumen eine zusätzliche Dimension verleihen.

Wenn wir Blumen betrachten und darüber nachdenken, was Blumen eigentlich sind, sollten wir die botanischen Aspekte nicht aus dem Auge verlieren. Es ist allerdings wichtig zu erkennen, dass die Begriffe in der Alltagssprache manchmal irreführend sein können. Blumen, Kräuter, Gemüse und Obst scheinen auf den ersten Blick völlig verschiedene Pflanzenarten zu sein, doch ein Botaniker sieht dies ganz anders. Der Botaniker weiß, dass es fast eine halbe Million Pflanzenarten gibt, die Blumen oder Blüten tragen und aus diesem Grunde „blühende Pflanzen" oder „Blütenpflanzen" genannt werden. Ob es sich um das kleine tränende Herz oder die große Kokospalme handelt, um die exotische Paradiesvogelblume oder das heilkräftige Johanniskraut, um den Apfelbaum oder die Seerose oder die gefährliche Belladonna – sie alle tragen Blüten.

Blütenpflanzen, Erde und Mensch

Blütenpflanzen – der Wissenschaft bekannt unter dem Namen Bedecktsamer oder *Angiospermae* – sind die häufigsten und am höchsten entwickelten Pflanzenarten auf der Erde. Ihre evolutionäre Entwicklung hat schätzungsweise vor 80 bis 90 Millionen Jahren begonnen, in einem Zeitalter, in dem die Dinosaurier das Sagen hatten und Affen und Menschen noch unbekannt waren. Wir, als moderne Städter, denken oft nicht darüber nach, dass dieser Teil des Pflanzenreichs für Mensch, Tier und Erde als Gesamtheit ebenso unentbehrlich ist wie Wasser, Luft und (Sonnen-) Licht. Pflanzen und Blumen helfen dabei, Erosion zu verhindern und halten so die Erde – fast buchstäblich – zusammen. Ohne Blütenpflanzen können Mensch und Tier nicht bestehen; sie sind ein wichtiger Teil unserer Nahrung, sie liefern heilkräftige Stoffe und werden als Brennstoff und Baumaterial, als Rohstoff für Textilien und als Duftstoffe, wie Weihrauch, genutzt und es gibt noch eine Vielzahl anderer Anwendungsmöglichkeiten.

Blütenpflanzen und ihre Blüten

Blütenpflanzen treiben ihre Blüten infolge eines schon Millionen von Jahren dauernden Überlebenstriebs. Blumen sind die Fortpflanzungsorgane der Blütenpflanzen und ohne Fortpflanzungsorgane kann diese hoch entwickelte Pflanzenform nicht überleben: Ohne nächste Generation gibt es keine Nachkommen.
Da wir alle denken, genau zu wissen, was eine Blume ist, kommt niemand auf den Gedanken, die Bedeutung dieses Wortes in einem Wörterbuch nachzuschlagen.

Im niederländischen Wörterbuch „van Dale" (1999) finden wir die folgende Definition:

Blume
die Blume; Blumen
Teil der Samenpflanze, der die Fortpflanzungsorgane enthält und der sich, nach dem Treiben, gewöhnlich durch Schönheit von Form und Farbe der (spezialisierten) Blätter oder durch einen charakteristischen (oft angenehmen) Duft auszeichnet.

Fenchel

Zinnie

Bestäubung

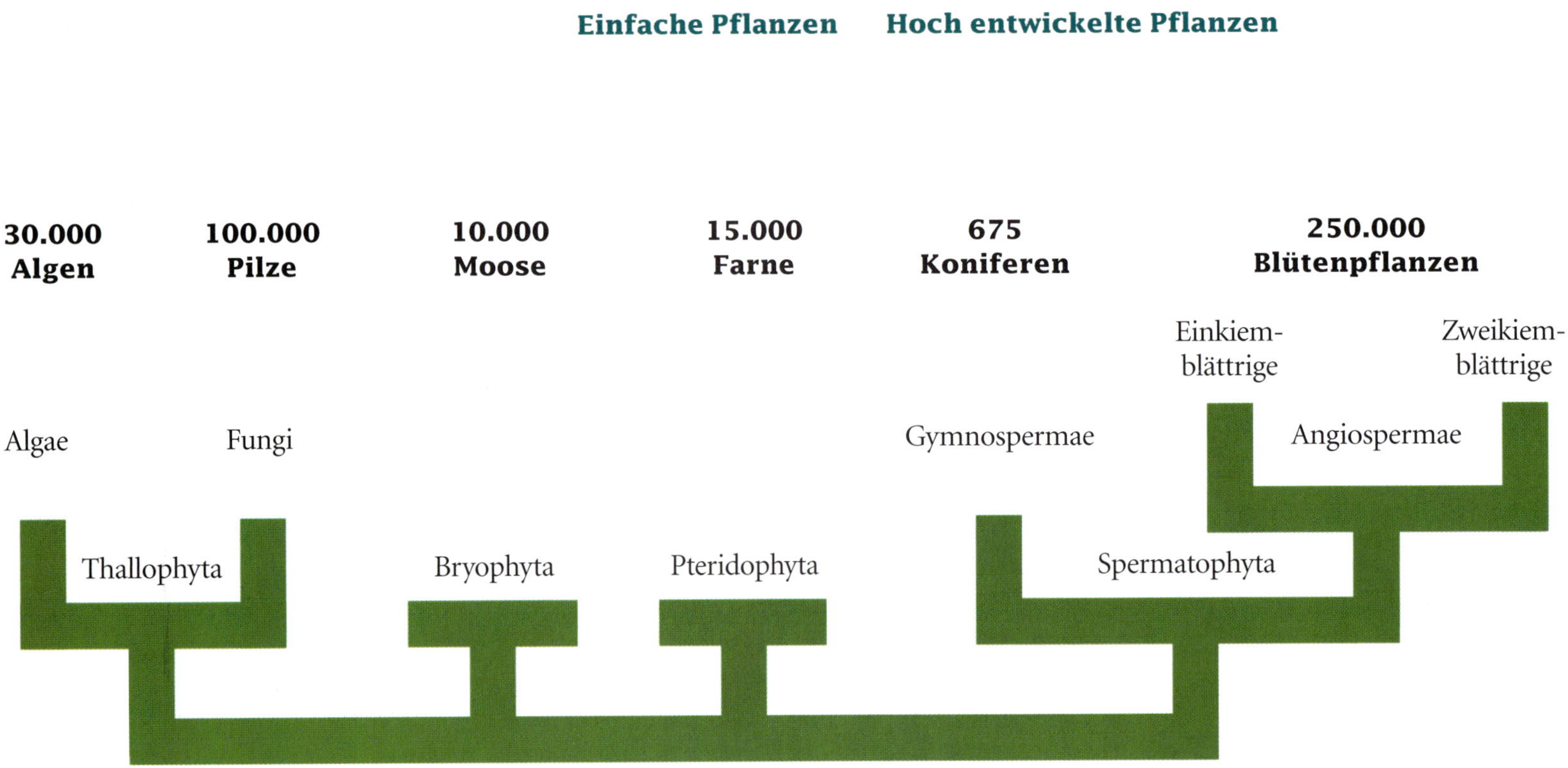

Die Evolution des Pflanzenreichs

Die oben genannten Zahlen stellen eine vorsichtige Schätzung der Anzahl der Arten in den einzelnen Kategorien dar. Manche Wissenschaftler vermuten, dass sich herausstellen wird, dass sich die Anzahl der Arten der Pilze und Moose und auch der Blütenpflanzen schließlich verdoppeln wird, wenn die tropischen Regenwälder und andere noch unzureichend kartierte Gebiete eingehend untersucht worden sind.

Van Dale vermeldet mit Recht, dass außer schönen Farben auch verlockende Düfte (und Geschmack) eingesetzt werden, um die Fortpflanzung zu stimulieren. Dazu haben Blütenpflanzen oft die Hilfe Dritter nötig. Es ist wichtig, sich klar zu machen, dass diese Farben und Düfte natürlich nicht entstanden sind oder dazu dienen, um den Menschen zu behagen, sondern um bestimmte, unentbehrliche Insekten anzulocken, die die Bestäubung und Fremdbestäubung bewirken.

Religion und Ritual

Es ist zwar nicht wahr, dass Blumen Menschen lieben, doch es ist sicher wahr, dass Menschen seit Jahr und Tag und aus allerlei Gründen Blumen lieben. Abgesehen davon, dass viele Blütenpflanzen äußerst nützlich für den Menschen sind – als Nahrung oder als Medizin – haben ihre Schönheit und ihre jährliche „Wiederauferstehung" Menschen aus fast allen Kulturen fasziniert und inspiriert. Blumen dienen zur Verzierung, zum Beispiel auf Trachten; Prinz Bernhard ist wegen der weißen Nelke an seinem Revers bekannt. In der einen Kultur trägt man eine Rose oder Blumenkränze im Haar, in anderen wird einem zur Begrüßung ein Blumenkranz um den Hals gelegt. Die Bräuche sind überall verschieden oder es werden andere Blumen verwendet, doch alle Kulturen haben gemein, dass die wichtigsten Ereignisse und Rituale im Leben eines Menschen von Blumenpracht begleitet werden. Von der Geburt bis zum Begräbnis oder Feuerbestattung, von der Verliebtheit bis zur Ehe, vom Abitur bis zu den Höhepunkten in einer Karriere, Blumen sind ein fester Bestandteil aller denkbaren Feste und Rituale geworden. Prachtvoll gebundene Blumensträuße trifft man überall an: In der Kirche, im Büro, auf Geburtstags- und Trauerfeiern. Blumen sind aus unserer Gesellschaft nicht wegzudenken.

Es macht keinen wesentlichen Unterschied, ob man einen Strauß mit duftenden, weißen Lilien bei einem aufgebahrten Verstorbenen hinstellt oder ob man die sterblichen Reste für die öffentliche Verbrennung mit Hunderten von Ringelblumen und Afrikanischen Ringelblumen schmückt. Es ist auch nicht wichtig, dass in der einen Kultur die weiße Rose oder weiße Blumen im Allgemeinen das Symbol für Reinheit und Unschuld sind und in einer anderen die zartrosa Lotusblume als purster Ausdruck der Unbeflecktheit und Keuschheit gilt. Wie die Ideen und Bräuche sich auch voneinander unterscheiden: Die Essenz ist überall die gleiche. In diesem Buch wurde versucht, ein so vollständiges und breites Bild wie möglich zu vermitteln, auf welch unterschiedliche Weise Blumen in den einzelnen Religionen, Kulturen und Ländern seit Menschen-

Korallenbaum

Begonie

Bestäubung

Fackellilie

Jungfer im Grünen

gedenken gebraucht werden. Es wird ferner auf die symbolischen Assoziationen und mythischen Geschichten eingegangen, die sich im Laufe der Zeit um die Blumen gerankt haben.

Blumen sind Wunder

Fast jede Blumenart hat ihre eigenen Anbeter, die sie als „die Schönste" empfinden. Auch außerhalb der professionellen Zucht, in der man sich oft auf eine bestimmte Art beschränkt, gibt es Menschen, die ihren Garten und ihre Zeit ausschließlich einer bestimmten Blumenart widmen. Andere reisen in ferne Länder, um ihre Lieblingsblume in ihrer ganzen Vielfalt sehen zu können. In Nepal kann man zum Beispiel eine spezielle Wanderung durch die Berge machen, um die dort wachsenden Rhododendren und Azaleen zu bewundern oder der Liebhaber reist nach Malaysia, Thailand, Hawaii oder Indonesien, um die üppige tropische Pracht der Orchideen und Heliconien zu bestaunen.
Es ist begreiflich, dass Menschen oft das Exotische und Unbekannte dem vorziehen, was sie seit ihrer Kindheit schon Hunderte Male im Wald oder im (eigenen) Garten gesehen haben. Es ist jedoch besonders lehrreich, auch denjenigen Pflanzen Aufmerksamkeit zu schenken, die im eigenen Land (oder Landschaft) wachsen und blühen. Betrachten Sie sie ganz aus der Nähe, eventuell mit einer Lupe oder durch das Makro-Objektiv einer Kamera. Es stellt sich oft heraus, dass auch die unauffälligen, normalen, alltäglichen Blumen besonders schön oder ein regelrechtes Wunder sind. Die Blume mit dem schlichten Namen *Jungfer im Grünen* ist beim genauen Hinsehen ebenso eigenartig und fast genauso außerirdisch wie eine Passionsblume, und eine einfache Stockrose sieht dem viel bekannteren Hibiskus sehr ähnlich; das allbekannte Johanniskraut ist nicht weniger erstaunlich als die nahezu unbekannte *Calliandra*.
Die Fotos in diesem Buch versuchen nicht nur die magische Schönheit und die große Vielfalt des Blumenreichs sichtbar zu machen, sie wollen auch die vielen Details zeigen, die jeder Blume ihren eigenen, spezifischen Charakter verleihen.

Die Magie der Blumen

Da das Wort Magie nicht für alle Menschen die gleiche Bedeutung hat, will ich hier kurz darauf eingehen, warum dieses Buch diesen Titel trägt und was ich persönlich für die ***Magie der Blumen*** halte. Manche Blumen haben eine nahezu magische Anziehungskraft, allein schon durch ihre ungewöhnliche Pracht, durch ihre grellen oder subtilen Farben oder auch die einmaligen Formen ihrer Blätter, Stempel oder Staubgefäße (Erklärung siehe Seite 12, 15). Andere kann ich nur als magisch bezeichnen, da sie Stoffe enthalten, welche die Eigenschaft besitzen, Mensch und Tier von Leiden zu befreien und von Krankheiten zu heilen. Viele Blumen dieser Kategorie sind zugleich auch giftig (das wird im Text jeweils mit roten Buchstaben angegeben), das heißt, dass ihre Stoffe bei versehentlichem und/oder übermäßigem Verzehr schädlich statt heilkräftig sind und verheerend statt heilend wirken. Bei einer richtigen Anwendung, das heißt bei einer richtigen Bereitung und einer für die Verwendung geeigneten Dosis, wird das so genannte Gift eine wertvolle Medizin.

Vergleichbares finden wir bei einer anderen Gruppe der so genannten magischen Pflanzen und den aus ihnen gewonnenen Stoffen, die bei falscher Anwendung tödlich wirken können, bei einer richtigen Verwendung und Dosierung jedoch zu spirituellen Einsichten verhelfen und/oder zu meditativen Visionen führen können. Dies sind die bewusstseinserweiternden Pflanzen, die von Schamanen, Hexen, Priesterinnen und Eingeweihten seit Menschengedenken und in fast allen Kulturen gebraucht werden. Die Einsichten in Mensch und Universum, die man auf diese Weise gewonnen hat, sind zum Teil die Grundlage bekannter religiöser Systeme und vergessener magischer Rituale.

Andere Pflanzen wiederum werden in diesem Buch beschrieben, weil sie einfach einmalig sind: Zum Beispiel Blumen, die Hunderte von Schmetterlingen zugleich locken, Fleisch-essende Blumen, die Insekten fangen und verzehren, Blumen, die nicht von Bienen, Hummeln oder Schmetterlingen, sondern von Vögeln bestäubt werden oder Blumen, die die Duftstoffe für beliebte und bekannte Parfüms liefern.

Hortensie

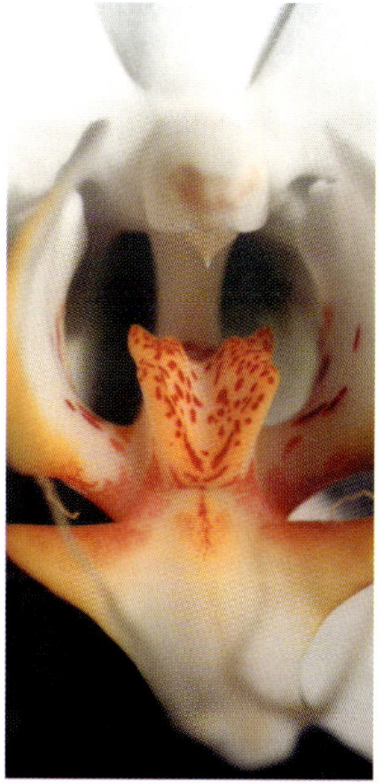

Orchidee

Bestäubung

Spathiophyllum wallisii

Einige botanische Begriffe

Asteraceae
Alte, aber noch oft gebrauchte Bezeichnung für die Familien der Blütenpflanzen, die heute gemeinsam als *Compositae* (Korbblütler) bekannt sind.

Bedecktsamer (Angiospermae)
Wissenschaftliche Bezeichnung für alle blühenden Pflanzen oder Blütenpflanzen, heute bei weitem die größte Pflanzengruppe auf der Erde (mehr als 250.000 Arten). Wie sehr sich die Mitglieder dieser Pflanzengruppe auch voneinander unterscheiden mögen – vom Veilchen bis zum Kaktus und von der Tomate bis zum Eukalyptusbaum –, dass sie einer großen Gruppe zugeordnet sind, beruht auf der Tatsache, dass ihre Samen in einer Art Frucht eingeschlossen sind.

Bestäubung
Das Übertragen des Blütenstaubs auf den (weiblichen) Stempel. In der Natur erfolgt dies durch Insekten, Wind, Wasser oder Vögel. Bei der Zucht neuer Arten oder Hybriden übernimmt der Mensch diese Aufgabe und kommt die Bestäubung oft mit Hilfe eines Pinsels zu Stande.

Blume/Blüte
Eine Blüte ist eigentlich das Fortpflanzungsorgan der Bedecktsamer. Weibliche und männliche Organe können sich in verschiedenen Blüten befinden (eingeschlechtig) oder zugleich in derselben Blume (zweigeschlechtig). Die Staubfäden sind die männlichen Organe; der Griffel, der Stempel und das Fruchtblatt (zusammen Stempel genannt) sind die weiblichen Organe. Das Ganze ist meistens von einem Kranz von Kronblättern und einem zweiten Kranz von Kelchblättern umgeben. Pigmente, zum Beispiel *Anthocyan*, verleihen den Blumenblättern ihre charakteristische Farbe.

Botanische Namen
Ebenso wie das Tierreich (Fauna) ist auch die Flora (Pflanzenreich) unseres Planeten von Wissenschaftlern bis ins Detail klassifiziert, wobei man die Verwandtschaft mit Begriffen wie Klasse, Ordnung, Familie, Stamm, Geschlecht und Art andeutet. Als Sprache verwendet man Latein. Manche Bezeichnungen sind nur Ableitungen vom Namen eines Botanikers oder des Entdeckers einer Pflanze, die Latein ähneln. Der botanische Name einer Pflanze besteht immer aus zwei Bezeichnungen, die das Geschlecht (*Genus*) und die Art

(*Spezies*) andeuten. Die Namen *Hibiscus waimeae* und *Hibiscus rosa-sinensis* deuten zum Beispiel an, dass es sich um zwei Blütenpflanzen des Geschlechts Hibiskus handelt, wobei *waimeae* eine hawaiische Art andeutet und *rosa-sinensis* eine chinesische, nämlich den Chinesischen Roseneibisch. Diese zwei Teile eines botanischen Namens werden immer kursiv gedruckt, wobei der erste Teil mit einem großen Buchstaben beginnt und der zweite mit einem kleinen.

Wenn ein Pflanzengeschlecht im Allgemeinen angedeutet wird, ohne dass man auf die verschiedenen Arten eingeht, wird dies mit den Abkürzungen sp. angedeutet (ein bestimmte Gattung) oder spp. (mehrere Gattungen). Will man zum Beispiel mehrere Anemonenarten umschreiben, so lautet die korrekte botanische Bezeichnung *Anemone* spp., wenn es sich um die Arten *Anemone nemerosa, Anemone blanda, Anemone coronaria* und um einige Hybriden der Letzteren handelt. Diese hybriden (siehe unten) Varietäten stehen im offiziellen botanischen Namen zwischen Anführungszeichen, was Namen ergibt wie *Anemone coronaria* „Hollandia".

Compositae

Sehr große Familie von Blütenpflanzen, die im Deutschen auch Korbblütler heißen. Zu dieser Familie gehören mehr als 25.000 Arten, das heißt, zehn Prozent aller Blütenpflanzen oder Bedecktsamer. Viel anschaulicher ist der englische Name der *Compositae*, wo sie als Sonnenblumenfamilie angedeutet werden. Stellen Sie sich eine Sonnenblume vor, verkleinern Sie sie in Gedanken, ändern Sie ihre Farbe und Sie sind bei den Blumen angelangt, die die Namen Aster, Ringelblume, Kamille, Gänseblümchen, Margerite oder Sonnenhut tragen. Alle in diesem Buch beschriebenen Mitglieder dieser und anderer Familien sind im Register auf Seite 184 im Anhang zu finden.

Einjährige Pflanzen

Pflanzen, die innerhalb eines Jahres nach dem Säen blühen, Samen produzieren oder Früchte tragen und danach absterben.

Eintagsblumen

Manche Blumennamen weisen deutlich auf die Tatsache hin, dass diese Blumen nur einen Tag lang blühen, wie zum Beispiel der Name Taglilie oder Tag-

Begonie

Japanische Azalee

Engelstrompete

Garten-Silberblatt, Frucht

blume. Es gibt jedoch auch Eintagsblumen, deren Name nichts verrät, wie der Hibiskus, der auch Stundenblume heißt oder die Trichterwinde, die nur am Morgen blüht.

Familie

Außer den botanischen Namen der Pflanzen werden in diesem Buch auch die Familien genannt, denen eine bestimmte Art und das betreffende Geschlecht in der Botanik zugeordnet sind. Diese Familienzugehörigkeit ist oft sehr interessant, da wir ihr zum Beispiel entnehmen können, warum eine Stockrose dem Hibiskus so ähnlich ist oder was der unschuldige Schlafmützenmohn (*Eschscholzia californica*) mit dem berüchtigten Schlafmohn (*Papaver somniferum*) gemein hat, jene Pflanze, welche die Rohstoffe für Opium, Morphin und Heroin liefert.

Frucht

Im täglichen Sprachgebrauch deuten wir mit einer Frucht meistens etwas Essbares an in Form von Obst (Apfel, Birne, Banane) oder Gemüse (Avocado, Tomate); und manchmal auch einen anderen Ausdruck der Fruchtbarkeit: Den ungeborenen Nachkommen (Embryo) von Mensch oder Tier. Für einen Botaniker hat dieser Begriff jedoch eine viel umfassendere Bedeutung, nämlich alle mögliche Arten von „gewachsenen Fruchtknoten" einer Pflanze. Eine Frucht in dieser Bedeutung des Wortes ist das reife Produkt – essbar oder nicht – einer Pflanze, das den Samen für eine folgende Generation enthält. Dieser botanischen Bedeutung zufolge ist eine Kokosnuss ebenso eine Frucht wie die giftigen Beeren der Belladonna oder des Salomonssiegels, wie die durchsichtigen Samenkapseln des Garten-Silberblatts oder wie die Kirsche, Olive oder Apfelsine.

Hybriden

Eine Pflanze wird als Hybride bezeichnet, wenn sie durch das Kreuzen verschiedener Varietäten, Arten oder Rassen gezüchtet wurde. Solche Pflanzen werden manchmal auch Bastarde genannt.

Mehrjährige Pflanzen, ausdauernde Pflanzen

Pflanzen, die länger als zwei Jahre leben und in den meisten Fällen jedes Jahr aufs Neue blühen. Manche können etwa 8 bis 10 Jahre alt werden. Siehe auch Zwiebel- und Knollengewächse.

Solanaceae (Nachtschattengewächse)

Eine große und für die Menschheit sehr wichtige Familie der Blütenpflanzen, die als Nachtschattengewächse bekannt sind. Das Besondere dieser Familie ist, dass ihr sowohl Pflanzen angehören, die fast jeder als Nahrung kennt (Kartoffeln, Auberginen, Paprika, Pfeffer und Tomaten) als auch Pflanzen, die Stoffe wie Nikotin und andere Drogen liefern, die zum Teil medizinisch und zum Teil als bewusstseinserweiternde Mittel verwendet werden (Alraune, Belladonna, Bilsenkraut, Stechapfel, Engelstrompete u.ä.); Mittel, die so kräftig wirken, dass sie bei falscher Anwendung oder wenn irrtümlich Teile verzehrt werden, auch lebensgefährlich giftig sein können. Diese Familie besteht aus ungefähr 90 Gattungen mit etwa 2.000 bis 3.000 Arten, von denen manche inzwischen auch als Zierpflanzen im Handel sind, zum Beispiel die Lampionblume und die Petunie.

Sonnenwende (Heliotrop)

Sammelname für Blumen, die dem Lauf der Sonne folgen und sich im Laufe des Tages stets nach der Sonne ausrichten. Diese Blumenarten, z.B. die Ringelblume und die Sonnenblume, wurden früher auch *Sponsa solis* genannt: Sonnenbraut. Manchmal deutet man mit dem Begriff Sonnenwende auch Blumen an, die sich nicht nach dem Licht ausrichten, sich jedoch deutlich sichtbar bei Sonnenaufgang öffnen und bei Sonnenuntergang schließen.

Stempel

Name für das weibliche Organ in der Blüte, aus dem sich die Frucht entwickelt, meistens besteht es aus Stempel, Griffel und Fruchtknoten. Latein *gynoecium.*

X officinalis

Die in botanischen Namen (siehe oben) regelmäßig vorkommende Andeutung officinalis leitet sich von dem Begriff *officina* her, das ist der Name des speziellen Raums im Kloster, in dem früher aus bestimmten Pflanzen Heilmittel hergestellt wurden. Namen wie *Primula officinalis* (Schlüsselblume), *Calendula officinalis* (Ringelblume) oder *Verbena officinalis* (Eisenkraut) verraten also sofort, dass es sich um heilkräftige Pflanzen handelt .

Zweijährige Pflanzen

Pflanzen, die im ersten Jahr nach dem Säen nur Blätter hervorbringen und erst im zweiten Jahr blühen, Samen produzieren oder Früchte tragen und danach absterben.

Zwiebel- und Knollengewächse

Eine spezielle Gruppe ausdauernder Pflanzen, die über unterirdische Speicherungsorgane verfügen: Die Zwiebeln oder Knollen, in denen während der Wachstumsperiode Reservestoffe gespeichert werden, die der Pflanze helfen, den Winter oder trockene Perioden zu überstehen. Schneeglöckchen, Krokusse, Dahlien und Lilien gehören zu dieser Gruppe sowie Tulpen, Narzissen, Hyazinthen und Gladiolen.

Protea

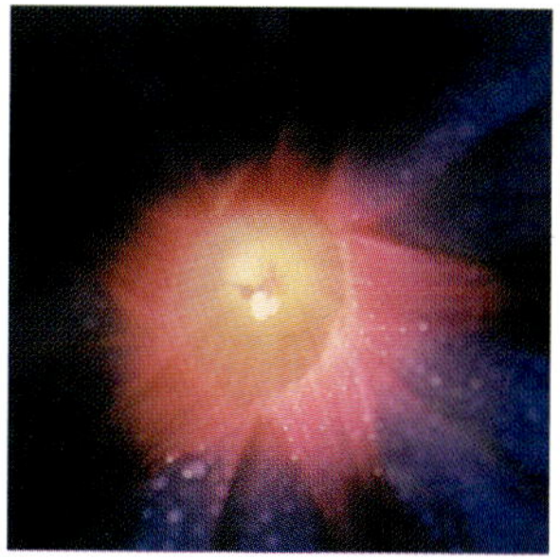

Ipomea tricolor

Papaver somniferum

Blumen ...

Afrikanische Ringelblume

Englisch: *African marigold, French marigold*

Tagetes erecta, Tagetes patula

Familie der Korbblütler (Compositae)

Angesichts des Namens dieser Blume - *Afrikanische Ringelblume* - ist es recht überraschend, dass sie mit Sicherheit aus Mittelamerika stammt, genauer gesagt aus Mexiko. Spanische Kolonialisten nahmen die Blume nach Europa mit, auf anderen Wegen erreichte sie auch den indischen Subkontinent. Als die Blumen über Spanien auch Frankreich erreichten und von dort aus andere Länder, wurden sie auch als französische Mariablume bekannt.

Erst nachdem König Karl V. diese Blumen von einem Kreuzzug aus Nordafrika mitnahm – er hielt sich selbst für ihren Entdecker und nannte sie *Flos Africanus* – bekamen sie den Namen Afrikanische Ringelblume. Der lateinische Name *Tagetes* stammt von einem Helden aus dem klassischen Altertum, Tages, der die Etrusker in die Kunst des Wahrsagens einweihte.

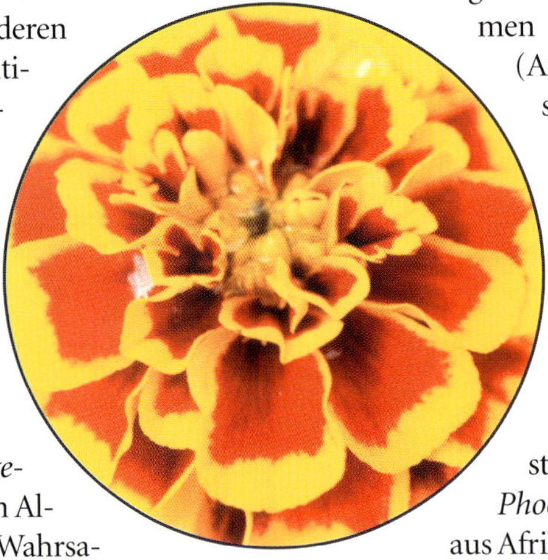

Farbskala

Apricot, zitronengelb, goldgelb, orange, rotbraun

Symbolik

Die deutschen Namen Afrikanische Ringelblume (*Tagetes* spp.) und Ringelblume (*Calendula officinalis*) und die englischen Namen *Marigold* (Ringelblume) und *African marigold* (Afrikanische Ringelblume) verdeutlichen, dass diese zwei Arten früher miteinander in Zusammenhang gebracht wurden. Das ist auch der Grund, warum die Afrikanische Ringelblume mit der Ringelblume die Maria-Symbolik gemein hat (siehe Seite 140).

Die Afrikanische Ringelblume war in Indien und im benachbarten Nepal schon viel früher eine vertraute Erscheinung, dort ist die Blume auch als Kraut der Sonne bekannt. Bei fast allen stark besuchten Tempeln stehen eine oder mehrere *Phoolivali*: Frauen oder Mädchen, die wunderschöne, aus Afrikanischen Ringelblumen und/oder Ringelblumen gebundene Blumenkränze feilbieten. Die Blumenkränze werden auf verschiedene Art und Weise als Opfer gebracht. Skulpturen von Göttern und Göttinnen werden geschmückt, ein Verstorbener wird auf seinem Weg zur Einäscherung mit Blumen bedeckt und oft

sieht man Menschen einen soeben gekauften Kranz der Strömung eines Flusses, wie der des Ganges (Indien) oder des Bagmati (Nepal), übergeben.
Auch ein Guru (spiritueller Lehrer) bekommt von seinen Schülern oft solche lebendigen Halsketten umgehängt. Bis auf die Blumen völlig nackte Sadhus (heilige Männer) tragen die Kränze an bestimmten Festtagen als einziges Kleidungsstück.

Heilkunde und Küche
Es sind keine wichtigen Verwendungen dieser Blumen bekannt.

Eigenschaften
Einjährige Pflanze, blüht ungefähr von Juni bis Oktober, kann in der Höhe von 15 cm bis zu 1,20 m variieren. Die Wurzeln der Afrikanischen Ringelblume enthalten einen für viele Insekten giftigen Stoff und infolgedessen können sie andere Pflanzen gegen Schädlinge schützen. Schmetterlinge besuchen sie gern.

Tagetes erecta

Tagetes patula Hybride

Akanthus

Englisch: Bear's breeches

Acanthus mollis, Acanthus spinosus

Familie der Akanthusgewächse (Acanthaceae)

Obwohl der Akanthus im Volksmund als Bärenklau bekannt ist, ist diese Pflanze nicht die gleiche wie der Wiesenbärenklau (*Heracleum sphondylium*) oder der Riesenbärenklau (*Heracleum mantegazzianum*), jene wilde Pflanze, die man lieber nicht anfassen sollte, da man sich sonst schmerzhafte Blasen zuziehen kann.
Es gibt zwei Akanthusarten (von griechisch *akantha*, „Dorn"), den Akanthus ohne Dornen (*A. mollis*) und den dornigen Akanthus (*A. spinosus*, Bärenklau). Sowohl in der Symbolik als auch in der Heilkunde ist der *Acanthus mollis* wichtiger. Alte Quellen machen meist jedoch keinen Unterschied zwischen den zwei Arten. Die Pflanzen stammen ursprünglich aus den tropischen Gebieten Afrikas und Asiens und aus den Mittelmeerländern. Von dort aus haben sie die nördlichen Länder erreicht. Hier trifft man sie oft als Zierpflanzen in Gärten an.

Farbskala

Violett, weiß

Symbolik

Viele Menschen finden den Akanthus die schönste aller Disteln und sowohl seine Blätter als auch seine eleganten, zierlichen, weiß-violett geäderten Blüten haben vor allem die Griechen und Römer bezaubert. Die berühmte Helena von Troja hatte einen Schleier, der mit einem Motiv aus Akanthusblättern verziert war, Grabsteine wurden mit einem Akanthusmotiv versehen und der oberste Teil der berühmten korinthischen Kapitelle wurde nach den Formen des dornigen Akanthus modelliert.

Berühmte Tempel, wie der des *Apollo* und der *Athene*, tragen dieses Motiv und auch die Römer übernahmen es von den Griechen. Auch heute noch ist der Akanthus das Blumenemblem von Griechenland.

Obwohl der Akanthus in der heutigen Blumensprache auf Kunstsinn hinweist, war er im Altertum ein Symbol für die Unsterblichkeit, oder eigentlich für das Leben nach dem Tod. Deswegen treffen wir Abbildungen des Akanthus auf Grabsteinen an und von daher stammt auch der Brauch, ein Grab mit dieser Blume zu bepflanzen, die sowohl schön als auch widerstandsfähig ist.

Auf Grund seiner Dornen wurde der *Acanthus spinosum* später auch das christliche Symbol für die Dornenkrone und das Märtyrertum und somit auch ein Symbol für Sünde und Schmerz.

Heilkunde und Küche

Im Altertum wurden sowohl die Blätter als auch die Wurzeln bei zahllosen Beschwerden und Krankheiten eingesetzt, jedoch hauptsächlich zum Heilen von Wunden oder als harntreibendes Mittel und auch heute gebraucht man die Pflanze manchmal noch in Kompressen und Umschlägen. Auch der dornige Akanthus hat adstringierende und harntreibende Eigenschaften.

Eigenschaften

Ausdauernde Pflanze, blüht etwa von Juni bis August und kann eine Höhe von 1,50 m erreichen.

Acanthus spinosus

Acanthus spinosus

Amaryllis

Andere Namen: *Hippeastrum, Ritterstern,*
Englisch: *Amaryllis, Hippeastrum, Beautiful Lady*

Hippeastrum spp.

Familie der Amaryllisgewächse (Amaryllidaceae)

Die wunderschöne Blume, die als Amaryllis bekannt ist, entlehnt ihren Namen, nicht ganz zurecht, der großen Familie, der sie angehört und nicht ihrer wirklichen Art (Hippeastrum). Die einzige echte Amaryllis ist die Blume, die offiziell *Amaryllis belladonna* (Belladonnalilie) heißt. Heute gibt es mehr als 70 Arten Hippeastrum-Hybriden. Dies sind vor allem Kreuzungen von Arten aus Südamerika, die in Europa eingeführt wurden: *Hippeastrum puniceum, H. reginae* und *H. vittatum.* Die ersten zwei sind die Vorläufer der vielen wunderschönen Rottöne, in denen die Blumen leuchten, die letztere ist verantwortlich für die anders gefärbten Ränder, die bei der Amaryllis oft vorkommen.

Die Blume, die wir heute als Amaryllis kennen, hätte eigentlich besser „Pferdestern" oder „Ritterstern" heißen können. Der griechische Name hippeastrum setzt sich aus *hippeus* (Pferd, Reiter, Wagenlenker eines Triumphwagens) und *astrum* (Stern) zusammen. Dieser Name deutet auf das alte Griechenland hin, wo man einen Kometen mit dem Namen *Hippeus* kannte, ein so genannter Pferdestern, der als der heilige Stern der *Aphrodite*, Göttin der Liebe und Lust, galt. Letzteres ist sehr interessant, da die Amaryllis eine äußerst fruchtbare Pflanze ist, die sich leicht vermehrt; ein Zwiebelpflanzenspezialist nannte sie sogar einmal „das Kaninchen der Zwiebelpflanzen".

Ursprünglich stammt die Pflanze aus Südamerika, genauer gesagt aus den Anden, doch die Zwiebeln und Schnittblumen, die heute beim Blumenhändler erhältlich sind, kommen hauptsächlich aus Gärtnereien in den Niederlanden und Südafrika.

Als wilde Blume lebt die Amaryllis in einer interessanten Symbiose mit Kolibris, die wunderschönen winzigen Vögel, die wie ein Hubschrauber in der Luft hängen bleiben können. Die Amaryllis ernährt die Kolibris und die Blumen werden nicht wie sonst üblich von Insekten bestäubt, sondern von diesen Vögeln.

Außer dieser außergewöhnlichen Bestäubungsmethode, ihrer auffälligen Fruchtbarkeit und der Tatsache, dass diese Blume im Winter und nicht im Sommer blüht, hat die Amaryllis noch eine besondere, fast magische Eigenschaft. Die Blume hat keinen einzigen natürlichen Feind, wahrscheinlich weil sie äußerst giftig ist (siehe unten).

Farbskala

Rot, rosa, weiß

Symbolik

Dadurch, dass die Blume jedes Jahr zu sterben scheint, im darauf folgenden Jahr jedoch wieder zu neuem Leben erwacht, erinnert sie an die symbolische Bedeutung des *Phönix*, der stets wieder aus der Asche steigt. Die Amaryllis steht darum auch zugleich für die Vergänglichkeit des Lebens, als auch für die Wiedergeburt und einen Neubeginn.

Durch die schon erwähnte Assoziation dieser Blume mit dem Triumphwagen ist sie ein sehr geeignetes Symbol für die Tarotkarte Nummer 7 „Der Triumphwagen", ich bin allerdings noch nie einem Spiel begegnet, das sich dieser Symbolik bedient.

Hippeastrum sp.

Heilkunde und Küche

Diese Blumen finden keine gastronomische oder medizinische Anwendung – ganz im Gegenteil. Alle Teile der Pflanze sind giftig, vor allem die Zwiebel. Sie enthält einige Alkaloide, die den Nieren schaden können und zur Lähmung der Atmung führen. Die diversen wirksamen Stoffe der Pflanze sind außergewöhnlich stark. Die südamerikanischen Indianer stellten ein tödliches Pfeilgift daraus her. Allein das Berühren der Blätter kann schon zu Hautreizungen führen. In Haushalten mit Kindern ist es besser, diese Blumen zu meiden, sind sie auch wunderschön.

Eigenschaften

Mehrjährige Pflanze, blüht ungefähr von Oktober bis Mai, erreicht eine Höhe von 50 bis 90 cm, der Durchschnitt der Blüten beträgt circa 12 cm.

Hippeastrum sp.

Hippeastrum sp.

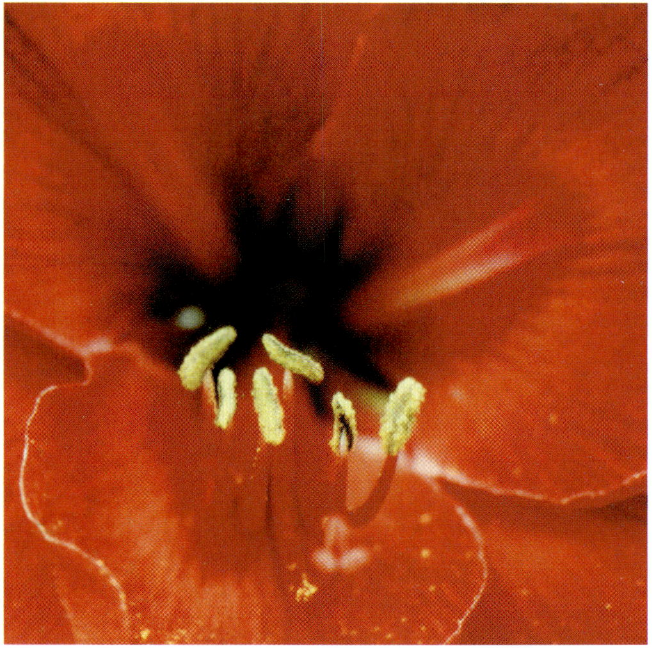

Hippeastrum sp.

Anemone

Andere Namen: *Windröschen, Hexenblume*
Englisch: *Anemone, Windflower*

Anemone spp.

Familie der Hahnenfußgewächse (Ranunculaceae)

Der Name dieser Blume leitet sich von einem semitischen Wort her, *na'amanim*, was in etwa mit „liebliche Blume" übersetzt werden kann.
Im Griechischen, wo *anemos* „Wind" bedeutet, hat man das semitische Wort auf diese Weise interpretiert und Plinius behauptete sogar, dass die Blume ein Verhältnis mit dem Wind habe und sich niemals öffnen würde, wenn es nicht wehen würde.

In der Mythologie und Symbolik spielt vor allem die rote Anemone (*A. coronaria*) eine Rolle. In der Heilkunde werden die blaue Anemone (*A. appenina*), das gelbe Windröschen (*A. ranunculoïdes*) und die Küchenschelle (*A. pulsatilla*, weiß gefärbt) sehr geschätzt.

Von den circa 150 Arten, die weltweit in den gemäßigten Klimazonen verbreitet sind, wachsen die oben aufgeführten Arten in Europa wild, ebenso wie die weiße A. magellanica. Als Zierpflanze sind die blaue *A. blanda* und die rote oder weiße *A. coronaria* am bekanntesten und beliebtesten.

Anemone coronaria 'Mr. Fokker'

Farbskala

Blau, gelb, rot, weiß

Symbolik

Einem griechischen Mythos zufolge sind die roten Anemonen aus dem Blut des verwundeten und sterbenden *Adonis* entstanden, der ein Liebhaber der Göttin *Aphrodite* war, und die weißen aus den Tränen der trauernden Göttin.

Ein anderer Mythos berichtet hingegen, dass Adonis, der von einem Raubtier (einem Bär oder Wildschwein) getötet wurde, von Aphrodite in eine Anemone verwandelt wurde.

Auf Grund dieser Geschichten wurde die Anemone zum Symbol für Trauer und Kummer, auch außerhalb von Griechenland. Jahrhunderte später, im mittelalterlichen Europa, wurde die Anemone ein christliches Symbol mit genau der gleichen Funktion. Adonis wurde durch Jesus ersetzt und diesmal entsprang die Anemone dem Blut von Jesus am Fuße des Kreuzes.

Darum sind auch auf manchen Gemälden der Szene bei Golgotha Anemonen unter dem Kreuz zu sehen.

Anemone coronaria Hybride

Anemone blanda

Die „Lilien des Feldes", die in der Bibel und in anderen christlichen Texten genannt werden, sind eigentlich keine Lilien, sondern Anemonen.

Eine andere Bedeutung, die den griechischen Mythen entlehnt ist, basiert auf der Tatsache, dass Adonis noch sehr jung war, als er starb und dass Aphrodite ihn außerordentlich schnell vergaß und sich einen neuen Liebhaber nahm. Dies hatte zur Folge, in Anbetracht der kurzen Blütezeit der Pflanze und ihrer allgemeinen Fragilität, dass die Anemone ein Symbol für einen frühen Tod, für Vergänglichkeit, für schnell trocknende Tränen wurde. Schenkt man Anemonen, so gilt dies oft als ein Signal, dass man eine Beziehung beenden will. Auch in China ist die Anemone bekannt. Dort wurde die Blume zum Gedenken an die Toten auf Gräbern gepflanzt.

Heilkunde

Der Name Leberblümchen basiert auf dem alten Brauch, die blaue Anemone als Hausmittel bei verschiedenen Leberbeschwerden einzusetzen. In China ist es jedoch die weiße Anemone, im Deutschen auch als Küchenschelle bekannt, deren Wurzeln und Blätter schon seit

Anemone coronaria 'Hollandia'

Anemone coronaria 'The Bride'

Tausenden von Jahren bei Beschwerden eingesetzt werden, die mit den Nerven zusammenhängen; von Stress und Erschöpfung bis hin zu jener Krankheit, die wir als manisch-depressive Störung kennen. Vorsichtig! Sowohl die Blätter als auch der Saft vieler Anemonen sind giftig und können zu Übelkeit und Darmbeschwerden führen. Der frische Saft kann auch bei Berührung zu Hautreizungen führen.

Eigenschaften

Mehrjährige Pflanzen, die meisten blühen, je nach Art, etwa von März bis September. Sie werden bis zu 25 cm hoch, der Durchmesser der Blüten beträgt circa 4 cm. Sie wachsen oft auf feuchten Weiden, unter Hecken oder in kurz zuvor gerodeten Gebieten.

Anemone coronaria 'The Bride'

Belladonna

Andere Namen: *Tollkirsche*
Englisch: *Deadly nightshade, dwale, belladonna*

Atropa belladonna

Familie der Nachtschattengewächse (Solanaceae)

Den Namen Belladonna, „schöne Frau", hat diese Pflanze nicht ihren Blüten zu verdanken, sondern der Tatsache, dass Hofdamen sie in der Renaissance als kosmetisches Mittel verwendeten. Im Niederländischen heißt die Pflanze „Teufelskraut" – ein Name, der sofort veranschaulicht, dass es sich hier um ein starkes Hexenkraut handelt, dessen Gift einerseits tödlich sein kann, andererseits kann sie jedoch als magische, rituelle Pflanze eingesetzt werden.

Und schließlich das Wort *atropa*: Ein gut gewählter Name, der uns an eine der drei griechischen Schicksalsgöttinnen, *Atropos* (die Unabwendbare) erinnert, deren Aufgabe es war, den Lebensdraht durchzuschneiden. Die Pflanze ist in Europa, Asien und Nordafrika wild wachsend.

Farbskala

Braun-violett

Symbolik

Einen Mythos über das Entstehen der Belladonna finden Sie bei der Symbolik der Engelstrompete (siehe Seite 50).

Heilkunde und Küche

Auch heutzutage sind noch Augentropfen erhältlich, in denen der Saft der Beeren der Belladonna enthalten ist. Wie in der Renaissance wird Belladonna verwendet, um eine Zeit lang eine Pupillenerweiterung zu bewirken, denn größere Pupillen lassen die Augen oft auffällig schön erscheinen. Augenärzte hingegen verwenden diese Tropfen, um die Pupillen besser untersuchen zu können. Eine zweite Verwendungsmöglichkeit der Belladonna als kosmetisches Mittel wurde früher von Damen mit einer dunklen Haut geschätzt. Mit den Stoffen aus dieser Pflanze versuchten sie, ihre Haut zu bleichen, was damals als elegant und vornehm galt.

Eine wichtigere Anwendungsmöglichkeit in medizinischer Hinsicht war die Entdeckung des Begründers der Homöopathie, Samuel Hahnemann, dass mit Hilfe der Belladonna Hautschuppen geheilt werden können. Heute gibt es homöopathische Präparate, die Belladonna enthalten, die Atembeschwerden oder Hirnhauterkrankungen bekämpfen sowie Kindern bei hohem Fieber verabreicht werden.

Belladonna ist auch ein Bestandteil der unter der Engelstrompete beschriebenen Hexensalbe, aber wahrscheinlich wurde sie häufiger als tödliches Gift und seltener als magische Pflanze verwendet. Im elften Jahrhundert, im Krieg zwischen Schottland und Norwegen, schickten die Schotten ihren Gegnern zum Beispiel mit Belladonna vergiftete Nahrung – mit vorhersehbaren, tödlichen Folgen.

Die wirksamen Bestandteile sind *Atropin, Skopolamin, Hyoscyamin* und diverse andere Alkaloide. Der Stoff Hyoscyamin kommt auch im ebenso gefährlichen Bilsenkraut vor, eine Pflanze, die nach diesem Stoff genannt wurde, nämlich Hyosciamus niger. Viele dieser Stoffe können durch die Haut aufgenommen werden und schon das Berühren der Beeren oder anderer Pflanzenteile kann zu Vergiftungserscheinungen führen. Vorausgesetzt, dass die richtige Menge Beeren oder Samen verarbeitet und eingesetzt werden, kann Belladonna Visionen hervorrufen, die mit denen von LSD oder dem Stechapfel vergleichbar sind (siehe Seite 50).

Eigenschaften

Mehrjährig, eine der gefährlichsten Pflanzen, die in Europa vorkommen, blüht meistens im Juni, kann manchmal jedoch im September zum zweiten Mal blühen. Die Pflanze wird etwa 1 m hoch und hat kleine, trichterförmige Blüten, die circa 3 cm lang sind. Alle Teile der Pflanze sind äußerst giftig. Da schon drei der schwarzen, süßen Beeren für ein Kind tödlich sein können, darf die Pflanze auf keinen Fall in der Nähe von Kindern stehen.

Linke Seite:
Atropa belladonna - Beere

Atropa belladonna

Borretsch

Andere Namen: *Gurkenkraut*
Englisch: *Borage*

Borago officinalis

Familie der Rauhblattgewächse (Boraginaceae)

Der Begriff *officinalis* im botanischen Namen verdeutlicht, dass Borretsch von alters her als heilkräftige Pflanze bekannt ist. Die Pflanze wurde darum auch oft beschrieben und kommt in fast allen Kräuterbüchern vor, sowohl in alten als auch in neuen, vor allem ihres stimulierenden Effekts auf Menschen wegen: Sie muntert im Allgemeinen auf und kann Sorgen oder Trübsinn vertreiben. Darum trägt der Borretsch auch schon lange den Beinamen „der Wohlgesinnte".

Der englische und deutsche Name der Pflanze, Borage und Borretsch, geht auf das keltische Wort für Mut zurück: *Borrach*. Dort ist sicher auch der Brauch entstanden, den Rittern, die in den Kampf zogen, einen Trunk von Borretsch zu reichen.

Farbskala

Rein blau, violett-blau

Symbolik

In alten magischen Ritualen wurde Borretsch eingesetzt, um dem Magier oder anderen Teilnehmern am Ritual mehr Mut für ihre Unternehmungen zu machen, da man glaubte, dass die Pflanze Dämonen fern hielt und schützende Kräfte hatte. Vielleicht ist dieser Glaube an die schützenden Kräfte auch die Erklärung für die Tatsache, dass die sternförmigen Blüten des Borretsch oft als Motiv alter Stickereien dienten, zum Beispiel auf den Schärpen der Teilnehmer an mittelalterlichen Turnieren.

Heilkunde und Küche

Die Pflanze enthält viele Mineralsalze und wirkt im Allgemeinen entspannend auf die Muskulatur sowie Blut reinigend. Sie fand auch bei Fieber und Halsschmerzen Anwendung. Borretsch wird außer Tee manchmal auch Wein beigemischt, wobei allerdings nicht mehr festzustellen ist, ob man sich durch die Pflanze oder den Alkohol entspannt fühlt. Die Blütenblätter sind essbar und können über Salate gestreut werden oder als Verzierung eines Kuchens oder einer Torte dienen; das Blatt kann bei einer salzlosen Diät als Salzersatz dienen.

Von Hexen und in anderen magischen Kreisen wird Borretsch oft als Tee getrunken und man ist davon überzeugt, dass dieses Getränk die psychischen Kräfte stärken und das Nervensystem sensitiver machen kann.

Eigenschaften

Einjährige Pflanze, blüht ungefähr von Juni bis August und kann von 50 cm bis 1 m hoch werden, was von der Menge an Erde oder der Größe des Blumentopfes abhängt.

Borago officinalis

Calla

Andere Namen: *Drachenwurz, Schlangenwurz*
Englisch: *Calla lily*

Zantedeschia aethiopica

Familie der Aronstabgewächse (Araceae)

Hinsichtlich der ursprünglich aus Südafrika stammenden Calla bestehen einige Missverständnisse, insbesondere was ihren Namen anbelangt. In englischsprachigen Gebieten wird sie oft *Calla-Lily* genannt, obwohl sie keine Lilie ist und auch nicht mit dieser Gruppe von Pflanzen verwandt ist. Anderenorts, vor allem in den Niederlanden, werden diese Blumen *Aronskelch* genannt. In botanischer Hinsicht ist das nicht falsch, da die Calla zur Familie der Aronstabgewächse gehört. Der Name *Aronstab* deutet jedoch nicht nur die Calla an, sondern zum Beispiel auch die Flamingoblume (*Anthurium* spp.), die essbare Taropflanze, die höchst unangenehm stinkende Drachenzunge (*Dracunculus vulgaris*) und viele andere. Die Calla ist meistens geruchlos, nur wenn die Pflanze zur Bestäubung bereit ist, lockt sie mit einem milden, erdigen Duft Insekten an, der manchmal auch für Menschen wahrnehmbar ist.

Außer der weißen *Zantedeschia aethiopica* gibt es noch einige andere Arten, die den Namen Calla tragen. Sie sind nicht weiß und weniger winterfest. Sie haben Namen wie *Z. albo-maculata* (gefleckte Calla), *Z. elliottiana* (goldene Calla), oder *Z. rehmannii* (rosa Calla).

Farbskala

Weiß; gezüchtete Hybriden jedoch in diversen Farben

Symbolik

In vielen Ländern ist die Calla eine Grabblume, wodurch sie, ebenso wie die weiße Lilie, heute mit Traurigkeit und Trauer assoziiert wird.

Heilkunde und Küche

Die Calla ist mit der nahrhaften Taropflanze verwandt, sie selbst ist jedoch nicht essbar und zudem sogar leicht giftig. Aus den Tarowurzeln wird Mehl hergestellt, doch der Verzehr der Wurzel der Calla führt zu brennenden Irritationen in Mund und Magen.

Links: *Anthurium* sp.
Rechts: *Dracunculus vulgaris*

Eigenschaften

Mehrjährige Pflanze, die eine Höhe von circa 90 cm erreicht. Die Calla blüht normalerweise im Mai und im Juni, in etwas wärmeren Klimazonen können wir die Blumen jedoch das ganze Jahr hindurch finden. Was wir als Blüten wahrnehmen, ein großer, weißer Trichter, der einen gelben Stängel umschließt, ist keine Blüte, sondern ein bestimmter Typ Blatt, den man im Fachjargon Hüllblatt nennt. In Wirklichkeit hat eine einzige Calla Hunderte von sehr kleinen, gelben Blüten, die gemeinsam die gelbe „Säule" in der Mitte des Hüllblatts bilden – mit einer einzigen Calla schenkt man jemandem also eigentlich Hunderte von Blumen.

Calla Hybride

Zantedeschia aethiopica

Calla 'Pink Persuasion'

Christrose

Andere Namen: *Schneerose*
Englisch: *Christmas rose, Winter rose*

Helleborus spp.

Ranonkelfamilie (Ranunculaceae)

Helleborus ist in vielerlei Hinsicht eine bemerkenswerte und auch merkwürdige Pflanzengattung. Ihre wichtigsten Mitglieder sind die Echte Christrose (*Helleborus niger*), die Stinkende Nieswurz (*Helleborus foetidus*) und die Grüne Nieswurz (*Helleborus viridis*). Obwohl die Pflanzen sehr giftig sind, sind sie auf Grund ihres eleganten Aussehens und ihrer Blütezeit mitten im Winter beliebte Gartenpflanzen geworden. Die meisten Arten sind in Mittel- und Südeuropa heimisch, doch eine Art, *Helleborus orientalis*, kommt in der Türkei und Nordgriechenland vor. Es ist bemerkenswert, dass all diese Blumen inmitten von Schnee und Eis blühen und dass auch völlig gefrorene Blumen nach dem Tauen unbeschädigt sind und problemlos weiterleben. Merkwürdig ist die Tatsache, dass Helleborus niger weiße Blüten treibt; das lateinische *niger* bedeutet nämlich schwarz. Eine mögliche Erklärung hierfür ist, dass die Stoffe in all diesen Pflanzen Menschen in große Verwirrung bringen und schließlich zum Wahnsinn treiben können. Nicht umsonst basiert der Name *helleborus* auf dem griechischen *hellein* (töten) und *bora* (Nahrung), was also „tödliche Nahrung" bedeutet.

Farbskala

Blauschwarz, gelblich-grün, hellgelb, purpurrot, rosa, weiß

Symbolik

Da die Christrose um den Jahreswechsel herum den Höhepunkt ihrer Blütezeit erreicht, überrascht es nicht, dass die Blume vom Christentum adoptiert wurde. Früher war Helleborus, in diversen griechischen Mythen, mit den Maenaden und anderen zügellosen Frauen verbunden, die nackt und in Trance umherirrten: die unter Einfluss von Rauschmitteln stehenden Priesterinnen des *Dionysos*, Gott des Weins und der Ekstase. Diese Assoziationen mit der Pflanze wurden im Christentum durch zwei unschuldige Anekdoten über die Geburt im Stall von Bethlehem ersetzt.

Die eine Geschichte handelt von einem jungen Mädchen, das zufällig anwesend war und kein Geschenk für den neugeborenen Messias hatte; darum brach sie in Tränen aus, ihre Tränen fielen auf den Schnee, und es erschien eine wunderschöne Blume: Die Christrose.

Eine andere Legende erzählt, dass auch das Pflanzenreich die Geburt von Jesus spürte und dass alle Blumen kurz aufblühten und ihre Köpfe erhoben. Als sie ihren Winterschlaf wieder fortsetzten, blieb die Christrose als Einzige wach, weil sie die Zeit vergessen hatte.

Heilkunde und Küche

Alle Teile dieser Pflanze sind bei Einnahme giftig. Sie rufen nicht nur Magenschmerzen und Übelkeit hervor, sondern stören auch den natürlichen Herzrhythmus. Das verdeutlicht schon, dass es keine Verwendung in der Küche gibt, die Heilkunde hat jedoch von den Stoffen *Helleborin* und *Helleborein* in gewissem Maße Gebrauch gemacht. Eine kleine, richtig gewählte Dosis kann als Brechmittel oder als Medizin, die das Herz stimuliert, verwendet werden. Das war offenbar schon im alten Griechenland bekannt, wo eine Legende berichtet, dass mit Ziegenmilch vermengte Christrose manische junge Frauen wieder in die Normalität zurückbringen konnte, nach dem Prinzip: „das Gleiche mit dem Gleichen heilen". Diese Verwendung der *Helleborus orientalis* geht auf den Seher und Heiler Melampus zurück (ca. 1.400 vor Chr.) – die aus den Wurzeln dieser Pflanze gewonnene Medizin wurde *Melampodium* genannt. In der modernen Homöopathie findet die frische Wurzel der *Helleborus foetidus* als Heilmittel Anwendung und manchmal wird die Unfruchtbarkeit der Frau mit ihr behandelt.

Eigenschaften

Mehrjährige Pflanze, blüht in der Regel von November bis Februar, wird etwa 25 bis 40 cm hoch; der Durchmesser der Blüten beträgt 5 bis 7 cm. Die Stinkende Nieswurz (*H. foetidus*) wird jedoch viel größer, sie kann bis zu 80 cm hoch werden.
Christrosen verbreiten sich mit Hilfe von Schnecken. Die Samen sind von einem Öl umhüllt, das Schnecken als Nahrung dient. So werden die Samen von den Schnecken auf ihren Reisen durch die Felder und Gärten mitgenommen.

Chrysantheme

Englisch: *Chrysanthemum, Tansy, Mum, All Saints' Flower*

Chrysanthemum spp.

Familie der Korbblütler (Compositae)

Gehen Sie zu fünf verschiedenen Blumenhändlern und fragen Sie jeden, ob er Chrysanthemen hat. Die Chance ist groß, dass alle fünf völlig anders aussehende Blumen anbieten, die alle Chrysantheme heißen, deren Größe jedoch sehr unterschiedlich ist, zudem werden sie in Form von Schnittblumen oder im Blumentopf angeboten und in allen Farben: weiß, rosa, gelb oder dunkelrot.

Die Blumen haben gemein, dass sie alle mehr oder weniger wie zu große Kamille oder wie Gänseblümchen und Margeriten aussehen. Außerdem gibt es noch eine Art, die überhaupt nicht dazuzugehören scheint: Große, kugelige Blumen, die aus einer Vielzahl von gekrümmten, abstehenden Bändchen bestehen. Diese letztgenannte ist die hier beschriebene Chrysantheme, die von China und Japan bis Griechenland und auch bei uns ein Symbol ist und in der Mythologie vorkommt. Die anderen Chrysanthemen, die margeritenartigen, werden bei der Margerite beschrieben (siehe Seite 116).

Chinesische Chrysantheme

Farbskala
Gelb, goldfarben

Symbolik

Das Wort Chrysantheme geht auf das lateinische Wort chrysanthemum zurück, das sich wiederum von zwei griechischen Begriffen herleitet: *Chrysos* (Gold) und *anthos* (Blume). Diese Blumen wurden in China schon lange vor unserer Zeitrechnung in großem Umfang gezüchtet. Schon im Altertum ist die Chrysantheme aus dem fernen Osten nach Griechenland gekommen, das moderne Europa hat sie allerdings erst am Ende des siebzehnten Jahrhunderts erreicht.

In China wird die Blume eindeutig mit dem Erreichen eines hohen Alters in Zusammenhang gebracht; sie ist ein Symbol für einen Wissenschaftler im Ruhestand und ferner glaubte man, dass der Morgentau auf Chrysanthemen einem helfen konnte, ein langes Leben zu erreichen. Zugleich mit dem Bambus, der Pflaume und der Orchidee wurde die Chrysantheme im chinesischen Buddhismus zu den vier noblen Blumen gerechnet. Japanische Zen-Mönche nahmen die Blume aus China nach Hause mit, woraufhin die goldgelbe Chrysantheme das Blumenemblem Japans und der kaiserlichen Familie wurde. In diesen zwei Ländern gilt die Chrysantheme als „die Essenz der Sonne", und in der Literatur und Kunst wird diese Blume oft als Sonnensymbol gebraucht.

In der griechischen Mythologie steht die Blume für den mit Schlangen bewachsenen Kopf der *Medusa*, deren Anblick für ein sterbliches Wesen tödlich sein konnte - auf diesem Mythos basiert der spätere griechische Volksglaube, dass die Chrysantheme eine schützende Pflanze ist, die Dämonen fern hält. Bei uns diente die Blume hauptsächlich als Grabbepflanzung. Es galt als gefährlich, diese Blumen auf dem Friedhof zu pflücken; das hatte angeblich nicht nur Kopfschmerzen und schlechte Träume zur Folge, vielmehr konnte dem Bösewicht, der den Toten die Blumen stahl, auch Unheil drohen.

Heilkunde und Küche

In ihrem Buch (siehe Seite 190) weist Greet Buchner darauf hin, dass Chrysanthemen nicht vorbehaltlos in der Küche verwendet werden sollten, eine Warnung, die wohl auch für andere Blumen gilt: Nehmen Sie für die Zubereitung von Getränken oder Mahlzeiten niemals Blumen aus dem regulären Handel, da sie oft gespritzt und somit giftig sind. Ungespritzte Chrysanthemen aus dem eigenen Garten kön-

Chrysanthemum sp.

nen in Suppen und Salaten verarbeitet oder als Tee aufgebrüht werden.

In China, Malaysia und Thailand – mehr oder weniger überall, wo viele Chinesen wohnen – findet man in jedem Supermarkt ein aus Chrysanthemen bereitetes Getränk und in Korea stellt man aus den Wurzeln ein Mittel gegen Kopfschmerzen her. In Japan und China werden manchmal die jungen Stängel und die Blüten gekocht und als Gemüse gegessen und sowohl die Blätter als auch die Blüten werden an Wein zugesetzt.

Eigenschaften

Mehrjährige Pflanze, blüht, je nach Art, ungefähr von Mai bis September. Chrysanthemen kommen in allen Arten und Größen vor und werden von einigen Zentimetern bis zu circa 80 cm groß. Die Chrysantheme ist ein *Heliotrop* oder Sonnenwende.

Chrysanthemum sp.

Chrysanthemum sp.

Dahlie

Englisch: *Dahlia*

Dahlia variabilis

Familie der Korbblütler (Compositae)

Dahlien stammen ursprünglich aus Mexiko und Umgebung, wo sie auch jetzt noch unter dem Namen *Cocoxochitl* bekannt sind, ein aztekisches Wort. Unser heutiger Name *Dahlie* leitet sich vom schwedischen Botaniker Anders Dahl her. In osteuropäischen Ländern sind diese Blumen vor allem als *Georginen* bekannt, zu Ehren des russischen Botanikers Johann Georgi.

Die Magie der Dahlien basiert zum Teil auf den wunderschönen, großen, oft kugeligen Blüten, die sie treiben, doch vor allem auf den fantastischen Farben und Farbkombinationen. Im Laufe der Jahrhunderte ist viel an diesen Blumen herumgedoktert und es sind zahllose neue Varietäten gezüchtet worden, doch die große Herausforderung – eine rein blaue Blume – ist noch immer nicht erreicht. Schon 1826 wurde ein Tausende von Mark hoher Preis für denjenigen Züchter ausgeschrieben, der es als Erster schafft.

Alle Dahlien, die heute unsere Gärten zieren, sind Hybriden von Hybriden und stammen letztendlich von vier Arten ab, die einst nach Spanien und Deutschland gebracht wurden: *Dahlia pinnata, Dahlia rosea, Dahlia coccinea* und *Dahlia juarezii.* Diese ursprünglichen Arten sind schon lange ausgestorben, sie sind jedoch in fast 50.000 re-

Dahlia 'Pfitzer's Joker'

gistrierten, benannten und beschriebenen Nachkommen unsterblich geworden.

Farbskala

Fast alle Farben, sogar fast schwarz

Symbolik

In der Blumensprache gelten Dahlien als ein Symbol für Selbstwert und Selbstrespekt, Qualitäten, die von den aufrecht stehenden Blumenstängeln und den hocherhobenen Blütenköpfen widergespiegelt werden.

Heilkunde und Küche

Dahlienknollen dienten in Südamerika in der Zeit der Azteken als Nahrung, ungefähr vergleichbar mit Kartoffeln. Als die spanischen Besatzer die Pflanze von Mexiko nach Spanien schickten und die Dahlien von dort aus auch den Rest Europas erreichten, war man erst nicht so sehr an den Blumen, als an ihrem möglichen Nährwert interessiert. Es gab allerdings nicht sehr viele Versuchskaninchen, die den charakteristischen, bitteren und pfefferartigen Geschmack würdigen konnten und somit wurde das Experiment schnell vergessen. Dahlienknollen sind also zwar essbar, aber es empfiehlt sich, dies sicherheitshalber nur mit unbehandelten Pflanzen aus dem eigenen Garten zu probieren.

Von den ursprünglichen Arten wurde behauptet, dass das Essen der Knollen schweiß- und harntreibend wirkte, gegen Bauchschmerzen half und sogar gegen Tumore. Es ist jedoch nicht deutlich, was in den modernen Arten von diesen Kräften übrig geblieben ist.

Eigenschaften

Zwiebel- und Knollengewächse, blühen etwa von Juli bis Oktober und erreichen eine Höhe zwischen 30 cm und 1,60 m, manchmal mit kleinen, meistens jedoch sehr großen Blüten.

Dahlia 'Vuurvogel'

Dahlia variabilis Hybride

Dahlia ‘Motto’

Englisch: *Edelweiss*

Edelweiß

Leontopodium alpinum

Familie der Korbblütler (Compositae)

Der botanische Name dieser Blume stammt aus jener Zeit, in der man noch dachte, dass das Edelweiß nur in den Alpen vorkommt, ein Missverständnis, das noch immer weit verbreitet ist. In Wirklichkeit wächst die Blume in verschiedenen Hochgebirgen, man trifft sie also auch im Himalaya und in Südamerika an.

Neueste Untersuchungen haben sogar nachgewiesen, dass die Blume wahrscheinlich aus Asien stammt. Jetzt, wo diese besondere Blume im Alpengebiet – durch schlechte Umweltbedingungen – eine bedrohte Art geworden ist, werden einige Blumen und Samen sogar in die USA und Neuseeland verpflanzt.

Farbskala

Weiß, silberweiß

Symbolik

Symbolische Assoziationen mit dem Edelweiß gibt es nur im Alpengebiet, das heißt in Österreich, der Schweiz, Süddeutschland und Norditalien, wo die Abbildung der Blume von jeher als Brandmal für Pferde gebraucht wird (der Haflinger), als Abzeichen auf Uniformen und als Biermarke oder als Namen für Restaurants und Hotels. Als nationale Blume Österreichs findet man das Edelweiß auch auf verschiedenen Münzen, sowohl auf dem alten Schilling als auch auf der neuen Euromünze zu 2 Cent. Auch in der Schweiz ist das Edelweiß das nationale Blumenemblem.

Nach einem alten Mythos, den die Gebrüder Grimm aufgezeichnet haben, wurde das Edelweiß aus einer Träne der wunderschönen, jedoch auch eiskalten und unnahbaren Schneekönigin geboren, deren Anbeter allesamt tödlich verunglückten.

Auf dieser Legende basiert auch der Brauch in den Alpen, dass junge Männer ihrer Geliebten ein selbst gepflücktes Edelweiß als Zeichen ihrer Liebe schenken. Ein Edelweiß finden und zu pflücken ist nämlich ein außerordentlich riskantes Unterfangen, da die Pflanze nur an sehr hohen, unwegsamen Stellen wächst – am Rande eines Abgrunds, hoch oben in der dünnen Luft, zwischen Schnee und Eis. Darum ist

die Blume ein Symbol für Mut, Kraft und Ehre geworden und für das Überwinden innerer Ängste und äußerer Widerstände.
Dass man manchmal auch hört, dass das Edelweiß mit Reinheit, Keuschheit und Unschuld assoziiert wird, ist eher seiner Farbe zuzuschreiben; dies sind typische Attribute fast aller weißer Blumen oder Symbole.

Heilkunde und Küche

Wichtige Verwendungen dieser Blumen sind nicht bekannt.

Eigenschaften

Die mehrjährige Pflanze mit sternförmigen, samtigen Blüten mit filzartigen Haaren blüht von Juni bis August und steht in der Schweiz unter Naturschutz.

Leontopodium alpinum

Eisenhut

Andere Namen: *Mönchskappe, Wolfswurz*
Englisch: *Monkshood, Wolfbane*

Aconitum spp.

Familie der Hahnenfußgewächse (Ranunculaceae)

Diese reizvolle Pflanze mit ihren besonderen Blüten ziert viele Gärten, sie kommt, als heimische Pflanze, jedoch auch wild vor. Wie schön diese Pflanze mit ihren Rispen voller violetter oder gelber Blüten auch ist, sie ist äußerst gefährlich: Alle Teile der Pflanze enthalten das starke Nervengift Aconitin, von dem sogar schon eine geringe Menge bei Verzehr, bei der Berührung der Schleimhäute oder dem Kontakt mit Blut tödlich sein kann.

Sowohl der blaue (*A. napellus*) als auch der gelbe (*A. vulparia*) Eisenhut sind in den gemäßigten Klimazonen der nördlichen Hemisphäre heimisch, wo von Europa bis an China circa 100 verschiedene Arten der Gattung Aconitum gedeihen. Inzwischen gibt es auch zahllose gezüchtete Hybriden, zum Beispiel den weißen *Aconitum napellus* „Album", diese Arten sind jedoch genauso gefährlich wie die wilden Pflanzen.

Farbskala

Blau, violett, gelb, weiß

Symbolik

Einem germanischem Mythos zufolge ist der Eisenhut aus dem Blut des gefräßigen, mythischen Fenris-Wolfes entstanden, der von dem Gott *Vidar*, einem Sohn des großen Gottes *Thor* oder *Donar*, getötet wurde. Vidar stieß sein Schwert quer durch das Maul und die Kehle des Wolfes und traf ihn mitten ins Herz. Die umherspritzenden Bluttropfen bewirkten, dass der *Thorhut* (germanischer Name der Pflanze) zum ersten Mal erblühte.

Auch in Griechenland war die tödliche Pflanze bekannt und auch dort wurde sie mit einem mythischen Tier in Zusammenhang gebracht, nämlich mit *Zerberus*, dem Höllendhund aus der Unterwelt. Diesem Mythos zufolge entstand der Eisenhut aus dem Speichel dieses wüsten Tiers, das feindselig zu bellen begann, als es zum ersten Mal das Tageslicht sah. In anderen griechischen Mythen wird der Eisenhut mit *Hekate* in Zusammenhang gebracht, der Göttin der Hexerei und Magie sowie mit der gefürchteten Zauberin Medea. Diese Assoziation mit Zauberkünsten und Hexerei hat wahrscheinlich auch dazu geführt, dass Hexen im Mittelalter mit der Pflanze experimentierten und entdeckten, dass das vorsichtige Kauen einer kleinen Menge Blätter nicht den Tod, sondern Halluzinationen herbeiführte.

Heilkunde und Küche

Die giftige Wirkung der Pflanze war schon früh bekannt. Jäger und Krieger gebrauchten den Pflanzensaft, um aus ihren Pfeilen effektive, tödliche Waffen zu machen. Außerdem verwendete man den Eisenhut früher auch, um Füchse und Wölfe zu vergiften. Ein Stück Fleisch wurde in den Pflanzensaft getunkt und als Köder für die Tiere ausgelegt. Der botanische Name A. vulparia leitet sich vom lateinischen Namen für Fuchs, vulpes, her, doch eine der volkstümlichen Bezeichnungen verrät, dass auch Wölfe mit Hilfe der Pflanze vergiftet wurden. Auch Menschen wurden mit Eisenhut vergiftet. In Griechenland und im Römischen Reich wurde zum Tode verurteilten Verbrechern Eisenhut verabreicht und in Nepal wurde er gebraucht, um die Brunnen eines feindlichen Heers zu vergiften. Es wurden auch zahllose individuelle Morde mit diesem Gift begangen, sowohl im alten Italien als auch im England des neunzehnten Jahrhunderts.

Mit geringen Dosen und starken Verdünnungen hat man anderswo versucht, aus dem tödlich wirkenden Stoff *Aconitin* Medikamente herzustellen. Solche Mittel wurden früher bei hohem Blutdruck, Herzbeschwerden und Nervenfieber eingesetzt. Heute weiß man, dass eine gefahrlose Dosis nicht wirkt und eine Dosis, die wirkt, zu giftig ist. Darum wird das Mittel auch nur äußerlich verwendet, zum Beispiel gegen Rheuma. *Aconitin* ist als homöopathisches Mittel erhältlich, doch selbst dann ist äußerste Vorsicht beim Gebrauch geboten.

Eigenschaften

Mehrjährige Pflanzen, blühen – je nach Art – ab Juni (A. napellus) bis in den Oktober hinein (A. carmichaelii) und erreichen eine Höhe zwischen 90 cm und 1,50 m und weisen dichte Blütenrispen auf. Die Form Blüten sorgt dafür, dass ausschließlich Hummeln den Nektar erreichen können. Wenn man mit dieser Pflanze im Garten beschäftigt ist, sind Handschuhe ein Muss.

Engelstrompete

Andere Namen: *Stechapfel*
Englisch: *Angel's trumpet* und *Thornapple*

Brugmansia spp., *Datura* spp.

Familie der Nachtschattengewächse (Solanaceae)

Auf Grund bestimmter, in den neunziger Jahren vorgenommener Änderungen der Klassifizierung von Pflanzen, behandeln wir unter der Gattung *Brugmansia* auch bestimmte Arten des Stechapfels, die bis zu diesem Zeitpunkt – und in vielen Veröffentlichungen auch heute noch – zur Gattung *Datura* gerechnet wurden. Es gibt auch überzeugte Gegner dieser Änderungen, allerdings gewinnt die neue Klassifizierung stets mehr an Boden. Die neue Klassifizierung ist sinnvoll, da alle Pflanzen, die jetzt unter Brugmansia fallen, außeror-

links

Brugmansia suaveolens 'Rosa Traum'

rechts

Datura stramonium

dentlich viel miteinander gemein haben. Zudem ist der eher verwendete Name Datura kein lateinischer, botanischer Name, sondern leitet sich vom indischen Namen (*dhat*) des Stechapfels her. Gegner weisen auf die Tatsache hin, dass die Datura-Arten nach oben gerichtete Blüten tragen und Brugmansia hängende, doch dieser Unterschied ist nicht relevant angesichts der Tatsache, dass alle Pflanzen, die jetzt unter Brugmansia fallen, trompetenförmige Trichterblüten haben, alle zu den Nachtschattengewächsen gehören und magische Pflanzen oder Hexenkräuter sind, die bei zahllosen Völkern auf allen Kontinenten als heilig gelten. Mit anderen Worten, es sind Pflanzen, deren wirksame Stoffe giftig, jedoch auch medizinisch verwertbar sind. In einem anderen Rahmen werden sie als bewusstseinserweiternde Mittel verwendet, meistens als Teil eines Rituals und mit einem magisch-spirituellen Ziel.

Die nachstehende Liste ist nicht vollständig, sondern listet nur die Arten und Namen auf, die man in Gärtnereien, die diese Pflanzen anbieten, oft antrifft:

Brugmansia-Name	**Farbe der Blüten**	**Datura-Name**
B. arborea	weiß	*D. speciosa, D. knightii, D. frutescens*
B. aurea	weiß, apricot	*D. affinis, D. pittieri*
B. sanguinea	rot und gelb (geruchlos)	*D. lutea, D. bicolor, D. chlorantha*
B. suaveolens	weiß oder rosa	*D. gardneri, D. suaveolens*
B. versicolor	weiß, rosa, lachsrosa	*D. mollis*
Einjährige Pflanze, gehört nicht zu B.	weiß	*Datura stramonium*
Einjährige Pflanze, gehört nicht zu B.	blau-violet, innen weiß	*Datura metel*

Farbskala

Siehe Tabelle

Symbolik

Eine deutsche Legende erklärt die Herkunft des Stechapfels und anderer so genannter Hexenkräuter mit dem Sündenfall von Eva und Adam. Nachdem der Gott des Alten Testaments die „teuflische" Schlange verflucht hatte, war sie außer sich vor Wut und spuckte ihr Gift auf den Boden. Giftige Pflanzen wie Datura und Belladonna entsprangen der vergifteten Erde. Bei anderen Völkern und in anderen Kulturen waren die Engelstrompete und der Stechapfel hingegen Ausdruck des Göttlichen. Sie galten als ein Geschenk an den Menschen, damit er den Schleier der materiellen Welt lüften konnte sowie als Fahrzeug für die Seele, auf dass er weite Reisen durch Zeit und Raum machen konnte. Den Priestern und Eingeweihten in Indien und Pakistan, den Schamanen in den Bergen und Steppen Nordasiens und den Medizinmännern in Nord- und Südamerika waren die Pflanzen heilig und sie gebrauchten sie als solche in Ritualen.

Heilkunde und Küche

Alle Teile der oben genannten Pflanzen sind giftig, wobei speziell die Blüten oder Früchte besonders giftig sind. Es ist äußerst riskant, diese Pflanzen auf eigene Faust und ohne Sachverständigen zu gebrauchen! Manche Menschen reagieren überempfindlich auf den schweren, süßen Duft mancher Blumen, von dem sie Kopfschmerzen bekommen.

Die in Europa wild wachsende *Datura stramonium* mit ihren weißen Blüten und stachligen Früchten ist der Gemeine Stechapfel oder die Stachelnuss, die schon seit Jahrhunderten ihrer sehr unterschiedlichen Effekte wegen bekannt ist. Diebe und Zuhälter machten Missbrauch von Aufgüssen von gemahlenen Kernen, um ihre Opfer zu betäuben, andere gebrauchten die Pflanze, um ihre Potenz zu steigern oder wiederzuerlangen, und mit wieder anderen Zubereitungen behandelten Ärzte Epilepsie und Wahnsinn. Aus den Blättern können Zigaretten für Asthmapatienten gedreht werden. Auch in der Homöopathie hat diese Pflanze ihre Qualitäten bewiesen. Sehr unterschiedliche Beschwerden, wie Nervenschmerz, Hämorrhoiden oder Hautausschlag, können mit ihr behandelt werden.
Mit anderen Bestandteilen, wie Belladonna, war Datura auch eines der Ingredienzen der berüchtigten Hexensalben. Man schmierte diese Salbe in die Achselhöhlen, auf die Innenseite der Oberschenkel und um die Geschlechtsteile herum, um in eine tiefe Trance zu geraten, die zu einer Art astraler Reise führte. Erzählungen darüber, was man in diesem Zustand gesehen hatte, haben später zu dem Aberglauben geführt, dass Hexen auf Besenstielen durch die Luft fliegen. In diesem Zusammenhang ist es interessant zu wissen, dass die starke, wirksame Substanz in der Datura, Scopolamin, heute in Mitteln gegen See-, Luft- und Reisekrankheit enthalten ist.

Die verschiedenen Brugmansia-Arten stammen hauptsächlich aus Südamerika und sind den Völkern im Amazonasgebiet, jedoch auch denen in Peru und Chile schon seit Menschengedenken als heilkräftige Pflanzen bekannt, unter anderem gegen Rheuma. Dies ist auch einer der Gründe, warum sie gezielt angepflanzt werden. Meistens werden die Samen gemahlen und zu Tee verarbeitet. Es ist auch möglich, Teile der Pflanzen zu rauchen.

Eigenschaften

Mit Ausnahme der einjährigen, blauen und weißen Stechäpfel (*D. metel, D. stramonium*) sind all diese Pflanzen mehrjährige Sträucher oder Bäume. Viele dieser Arten sind heute bei Gärtnereien erhältlich und sie werden immer beliebter als Kübelpflanzen. Es sind widerstandsfähige, schnell wachsende Pflanzen, die jedes Jahr fantastische Blüten treiben (circa 50 cm lang bei *B. sanguinea*), die oft herrlich, jedoch auch betäubend duften.

links unten
Datura metel

links oben
Datura stramonium

oben Mitte
Brugmansia suaveolens

rechts
Brugmansia sanguinea

Enzian

Andere namen: *Bitterwurz, Himmelsstengel*
Englisch: *Gentian*

Gentiana spp.

Familie der Enziangewächse (Gentianaceae)

Die zahlreichen Arten der Enziangewächse sind in große und kleine Enziane gegliedert. All diese Pflanzen stammen ursprünglich aus Mittel- und Südeuropa und wachsen besonders gut auf den kalkreichen Böden Frankreichs, Italiens und der Schweiz.

Die kleinen Enziane sind vor allem als Zierpflanzen interessant. Insbesondere der stängellose Enzian (*G. acaulis*) mit seiner prächtigen blauen Farbe ist erwähnenswert sowie der bekannte Schwalbenschwanz-Enzian (*G. asclepiadea*), der in unserer Region sehr gut im Garten wächst. Die ebenso schönen großen Enziane sind der in ihren Wurzeln vorkommenden Stoffe wegen bekannt, die in Medikamenten enthalten sind und aus denen Kräuterschnaps hergestellt wird. Diese Arten, insbesondere der gelbe *Gentiana lutea*, kommen wild wachsend fast nicht mehr vor, sie werden allerdings professionell gezüchtet.
Den Namen Bitterwurz tragen die Enziane zurecht, denn manche bittere Stoffe dieser Pflanzen kann man sogar bei einer Verdünnung von 1 zu 20.000 noch deutlich schmecken.

Farbskala

Blau, gelb, lavendelfarben, rosa

Symbolik

In Österreich, der Schweiz und Süddeutschland ist diese Blume sehr beliebt und bekannt, so dass es zahlreiche Hotels, Restaurants und Volkstanzgruppen gibt, die den Namen Enzian tragen. Im Zweiten Weltkrieg hatten die Deutschen sogar eine Rakete, die Enzian hieß, was wahrscheinlich auf einen alten Namen der Pflanze zurückzuführen ist: Himmelsstengel.
Der Enzian ist auch auf der österreichischen Münze zu 1 Eurocent abgebildet.

Heilkunde und Küche

Die heilkräftige Wirkung des Enzians war schon im alten Griechenland bekannt. Er wurde von den Ärzten jener Zeit bei Rheuma und Gicht empfohlen. In der neueren europäischen Volksheilkunde wurde Enzian zur Heilung von Blutarmut und als fiebersenkendes Mittel eingesetzt; er scheint sogar gegen Malaria zu helfen.
Die bekannteste und bewährteste Verwendung des Enzians hängt jedoch mit verschiedenen Arten von Magen- und Darmbeschwerden zusammen. Je nach Präparat und der Art und Weise der Einnahme – als Tee, Kräuterschnaps oder homöopathisches Mittel – wird Enzian als beruhigendes oder stimulierendes Mittel eingesetzt, als Appetitan-

reger oder zur Verbesserung der Verdauung, als Abführmittel oder um Abhilfe bei Übelkeit zu schaffen. Viele Enziane sind leicht giftig, andere selbst so giftig, dass eine Überdosis zu Lähmungen führen kann. Auch in homöopathischen Mitteln sind die wirksamen Stoffe noch so stark, dass diese verdünnten Mittel während der Schwangerschaft und in der Stillzeit nicht eingenommen werden dürfen.

Eigenschaften

Mehrjährige Pflanze, blüht im Juli und August, erreicht eine Höhe von 5 bis 10 cm, der Durchmesser der Blüten beträgt etwa circa 1 bis 2 cm, er wächst – wild – hauptsächlich in Bergen auf einer Höhe zwischen 1.000 und 2.000 Metern. Schwalbenschwanz-Enzian (*Gentiana asclepiadea*) kann 50 bis 60 cm hoch werden.

Gentiana clusii

Gentiana clusii

Gentiania Hybride

Fingerhut

Englisch: *Foxglove, Lady's thimble, Fairy bells*

Digitalis spp.

Familie der Braunwurzgewächse (Scrophulariaceae)

Der Fingerhut ist ebenso schön wie magisch, ebenso nützlich wie giftig. Die Pflanze steht gerne auf Abhängen im Wald und auf Heidefeldern, sie wächst jedoch auch am Wegesrand in der freien Natur. Der violette *Digitalis purpurea* und der gelbe *Digitalis ambigua* sind in Mitteleuropa heimisch, vor allem in einem Gebiet, das von England wie ein breiter Gürtel bis Ungarn läuft. Ursprünglich waren diese Pflanzen ausschließlich violett oder gelb, doch heute gibt es auch Hybriden in anderen Farben.

Farbskala

Gelb, violett, purpurrot, rosa, rot

Symbolik

Thimble und Fingerhut bedeuten das Gleiche und den Grund warum die Pflanze im Englischen und Deutschen den gleichen Namen trägt, kann man leicht an der Form der Blüten erkennen. Diese Ähnlichkeit hat auch zu dem botanischen Namen *Digitalis* geführt, denn die ursprüngliche Bedeutung des Wortes *digitus* war „Finger", bevor es die abgeleitete Bedeutung „Ziffer" bekam. Die englischen Namen *foxglove* hingegen, von *folks' gloves* (Elfenhandschuh), und fairy bells (Feenglocken), führen uns in das Reich alter Märchen und Legenden,

Digitalis purpurea

Hexen und Zauberer. Diese Namen weisen darauf hin, dass der Fingerhut schon in sehr alten Zeiten als eine Art Zauberer bekannt war. Das ist eine angemessene Auffassung einer Pflanze, die den Herzmuskel kontrollieren und unseren Kreislauf beeinflussen kann; eine Pflanze von Leben und Tod.

Heilkunde und Küche

Die heilkräftigen Stoffe des Fingerhuts werden aus den Blüten und Samen gewonnen. Die Pflanze war schon sehr früh ihrer stark wirksamen Stoffe wegen bekannt. Sie fand Einsatz als Entschlackungsmittel, bei Lymph- und Drüsenerkrankungen sowie bei Epilepsie. Seine Blätter wurden auch als Verband verwendet, um Blutungen zu stillen und um das Heilen der Wunde zu fördern. Heute ist die Pflanze hauptsächlich durch den Stoff *Digitalin* bekannt, ein sehr herzwirksames Mittel. Im siebzehnten Jahrhundert wurde Digitalin in England ein offiziell anerkanntes Heilmittel, das anfänglich gegen Wassersucht und später auch gegen Herzleiden eingesetzt wurde. Der Arzt William Withering gilt als der Entdecker, allerdings hatte er das Geheimnis des Fingerhuts von einer traditionellen Heilerin erfahren.

Da die Pflanze sehr giftig ist, hat jede Dosis, die wirksam genug ist, um tatsächlich die erwünschte Wirkung zu erzielen, auch Nebeneffekte und unerwünschte Nebenwirkungen. Es wird dringend geraten, um Mittel, die Digitalis enthalten, ausschließlich unter der Aufsicht des Hausarztes oder eines Facharztes einzunehmen.

Eigenschaften

Zweijährige Pflanze, blüht erst im zweiten Jahr in der Periode Juni/Juli und erreicht eine Höhe von circa 1,20 m.

Englisch: *Fuchsia, Lady's ear drops*

Fuchsie

Fuchsia spp.

Familie der Nachtkerzengewächse (Onagraceae)

Moderne Hybriden nicht mitgerechnet, kommen etwa 125 wilde Arten vor, von denen weitaus die meisten in Lateinamerika wachsen, sie sind von Mexiko im warmen Norden bis an Feuerland im kalten Süden verbreitet. Vier Arten kommen in Neuseeland vor und eine einzige auf der kleinen Insel Tahiti. Die winterharten Arten aus Neuseeland und Chile können, vorausgesetzt, dass sie gut gepflegt werden, auch in kälteren Regionen erfolgreich angepflanzt werden. Die meisten Hybriden der Fuchsien, die man in unseren Landstrichen findet, stammen darum auch von diesen Arten ab, insbesondere von der Fuchsia magellanica. Der Name Fuchsie geht auf den Autor eines Buches über Heilpflanzen aus dem 16. Jahrhundert zurück, der deutsche Gelehrte Leonhard Fuchs. Eine wörtliche Übersetzung des brasilianischen Namens der Blumen, *molle cantu*, bedeutet „prächtiger Strauch".

Farbskala

Violett, rot, rosa, weiß

Symbolik

In der Blumensprache haben Fuchsien hauptsächlich den symbolischen Wert einer Liebeserklärung und der Bewunderung der Schönheit eines Menschen, sie galten manchmal jedoch auch als ein Zeichen der Überschwänglichkeit und Exzentrizität. Die besonderen Farben der Fuchsien haben zur Folge, dass die Blumen manchmal fast wie Imitationen aussehen, sie sehen Ohrringen aus Kunststoff ähnlicher als einem natürlichen Gewächs.

Heilkunde und Küche

Manche Fuchsien bringen Beeren hervor, die essbar sind oder aus denen alkoholische Getränken hergestellt werden können. Manche Früchte liefern Farbstoffe, andere berauschende Substanzen und wieder andere Konservierungsmittel; die Verwendung ist sehr unterschiedlich.

Die Inkas hatten eine besondere Beziehung zu Fuchsien. Sie stellten nicht nur Wein oder Likör aus ihnen her, sie verewigten diese Blumen sogar dadurch, dass sie mit Hammer und Meißel Felszeichnungen von ihnen ritzten. Namentlich eine Art, die *Fuchsia boliviana*, stand in solch hohem Ansehen, dass die Pflanze als heilig erklärt wurde. Diese Pflanze wurde ihrer süßen, violetten Beeren wegen gezüchtet, die bei Ritualen gebraucht wurden, um einen anderen Bewusstseinszustand zu erreichen.

In Neuseeland, bei den einheimischen Maori, wurden Fuchsien ganz anders genutzt: Der leuchtend blaue Blütenstaub der *Fuchsia excorticata* – bei den Maori bekannt als *Kotokutuku* – diente zum Beispiel als Make-up für junge Frauen, ihre violetten Beeren als süße Delikatesse und das dauerhafte, feuerfeste Holz als Baumaterial.

Die Maori gebrauchten auch ein Präparat, das unter anderem aus Blättern von Fuchsien hergestellt wurde, mit dem sie die prachtvoll tätowierten Köpfe getöteter Krieger mumifizierten und konservierten.

Eigenschaften

Fuchsien sind Sträucher oder Bäume. Sie blühen meistens im Sommer, manche Arten jedoch auch später im Jahr, bis zum ersten Nachtfrost. Artbedingt können Fuchsien eine Höhe von 1 bis 15 Metern erreichen. Ebenso wie Amaryllis und Heliconia werden Fuchsien in ihrer natürlichen Umgebung von Kolibris besucht, die für die Bestäubung sorgen. In unserem Klima sind es meistens Hummeln, die diese Aufgabe übernehmen. Sie können jedoch den schmalen und tiefen Zugang zum Nektar mancher Blüten nicht erreichen, ohne die Blumen dabei zu beschädigen.

Fuchsia 'Cannenburgh Floriant'

Fuchsia 'Lady Boothby'

Fuchsia 'Flora'

Fuchsia 'Gillian Althea'

Fuchsia 'La Campanella'

Fuchsia 'Marinka'

Fuchsia 'Annabel'

Fuchsia 'Supersport'

Gänseblümchen

Andere Namen: *Maßliebchen, Tausendschön*
Englisch: *Daisy, Mary-Loves, Oxe-eye daisy*

Bellis perennis

Familie der Korbblütler (Compositae)

Die Tatsache, dass sowohl das Gänseblümchen als auch die Margerite im Englischen *daisy* heißen und auch bei uns beide Gänseblume bzw. Gänseblümchen genannt werden, weist darauf hin, dass die meisten Menschen, außer den wirklichen Kennern, keinen oder wenig Unterschied zwischen den zwei Arten sehen. Der Name Maßliebchen für das Gänseblümchen leitet sich aus dem Niederländischen her. Das Gänseblümchen ist in Europa und Kleinasien heimisch und es ist eine der am häufigsten vorkommenden wilden Blumen, die sowohl auf Weiden als auch in Wäldern wachsen. Obwohl das Gänseblümchen hauptsächlich als wilde Pflanze vorkommt, gibt es inzwischen natürlich auch Kulturvarietäten, die als Schnittblumen im Handel sind.

Farbskala

Karmin - und scharlachrot, rosa, weiß

Symbolik

Laut Volkslegenden aus frühchristlicher Zeit sind die Gänseblümchen den Tränen der Jungfrau Maria auf ihrer Flucht nach Ägypten entsprungen. Die weiße Färbung und die Assoziation mit Maria verbinden die auf der Hand liegende Symbolik von Unschuld und Reinheit mit diesen Blumen. Im Mittelalter glaubte man, dass Gänseblümchen, die am 24. Juni zwischen 12.00 und 13.00 Uhr gepflückt wurden, besondere magische Kräfte besitzen, Kräfte, die mit dem heiligen Johannes in Zusammenhang gebracht wurde.
Diese Blume war natürlich auch schon lange vor der Verbreitung des Christentums aufgefallen. Bei den Germanen war sie den Göttinnen *Ostara* und *Freya* geweiht und wurde somit mit Liebe, Frühling und Fruchtbarkeit assoziiert.

Das Gänseblümchen wurde, ebenso wie die Margerite (siehe Seite 116) auch als Orakelblume gebraucht, man stellte eine einfache Frage und zupfte die Blütenblätter nacheinander ab, darum heißen die Blumen manchmal auch „Liebesblümchen". Das Gänseblümchen ist auch eine Frühlingsblume. Bevor Ostern vom Christentum eingeführt wurde, gab es schon ein Frühlingsfest mit dem Namen *Ostarmanoth,* ein Begriff, der wiederum auf die Frühlingsgöttin Ostara hindeutet, auf deren Namen auch die deutschen und englischen Wörter für das Fest zurückgehen: Ostern und *Easter.* Während dieses Festes spielten die Gänseblümchen eine wichtige Rolle als Verzierung des Ostarabechers, im Grunde der vorchristliche Vorläufer des heiligen Grals, der damals noch der Göttin geweiht war.

Heilkunde und Küche

Fast alle Teile dieser Blumen sind essbar und können in vielen Gerichten verwendet werden. Sowohl die Blüten als die Blätter schmecken gut in gemischten Salaten. Die Blätter können als Zutat für Suppen, Kräuterbutter, Omeletts oder Gemüsegerichte gebraucht werden.

Eigenschaften

Zweijährige Pflanze, blüht etwa von März bis Juni, erreicht eine Höhe von 15 bis 20 cm, der Durchmesser der Blüten beträgt 2 bis 3 cm. Abends, wenn es regnet auch tagsüber, schließen sich die Blüten und beugen sich nach unten.

Bellis perennis

Bellis perennis

Englisch: *Gardenia, Cape Jasmine*

Gardenie

Gardenia spp.

Familie der Rötegewächse (Rubiaceae)

Die Gardenie (*Gardenia augusta*) war früher unter dem inzwischen veralteten Namen *Gardenia jasminoides* bekannt, woraus seinerzeit auch der englische Name *Cape Jasmin* entstanden ist. Die Gardenie und der Jasmin haben jedoch nichts miteinander gemein, außer der Tatsache, dass sie beide einen starken Duft verströmen. Beide Namen kommen noch regelmäßig in der Literatur und auf dem Markt vor. Den Namen Gardenia bekam die Pflanze zu Ehren des Arztes und Pflanzensammlers Dr. Alexander Garden. Dieser Engländer war jedoch nicht ihr Entdecker, er war lediglich ein guter Freund von Corolus Linnaeus, der Hunderte von Pflanzen klassifizierte und ihnen botanische Namen gab. Die Blumen werden in angelsächsischen Ländern manchmal im Knopfloch getragen und dieser Tatsache verdanken sie ihren Beinamen Knopflochblume.

Eine der bei uns vorkommenden Gardenien, die weiße *G. thungergia*, kommt ursprünglich aus dem Süden Afrikas. Von dort aus wurde die Pflanze 1754 zum ersten Mal nach Europa gebracht. Die vollen, weißen Blüten sind nicht nur atemberaubend schön, sondern verströmen auch einen starken, süßen Duft. Andere Gardenien stammen aus Japan, Taiwan und China, Länder, in denen diese Blumen nicht nur ihres Duftes und ihrer Schönheit, sondern auch ihrer heilkräftigen Wirkung wegen bekannt sind.

Farbskala

Weiß

Symbolik

In China, wo man jedem Monat des Jahres eine Blume oder Frucht als Symbol zugeordnet hat, ist die Gardenie das Symbol des elften Monats (siehe Anhang Seite 189).

Heilkunde und Küche

In westlichen Ländern sind Gardenien vor allem ein Bestandteil von Parfüms und ähnlichem, zum Beispiel von Eau de Toilette, Seife und Duftkissen. In der alten, traditionellen, chinesischen Heilkunde heißt die Gardenie *Zhi Zi* oder *Kraut der Glückseligkeit.* Dieser Name weist auf die wirksamen Stoffe hin, unter anderem *Gardenin*, das beruhigend wirken und sowohl Reizbarkeit und Ruhelosigkeit bekämpft als auch Fieber oder Kopfschmerzen. Außerdem wirkt die Gardenie auch leberstärkend, mir ihr wird beispielsweise Hepatitis behandelt. Mittlerweile wird die therapeutische Bedeutung der Gardenien auch von manchen westlichen Medizinern anerkannt. Es gibt Kapseln, Tinkturen oder Tees, deren wichtiger Bestandteil Gardenie ist.

In Thailand wird Gardenienöl gewonnen, um Tee einen verfeinerten Geschmack zu verleihen. Das bei uns erhältliche essenzielle Öl der Gardenie ist jedoch zu stark konzentriert und somit nicht zum Einnehmen oder zum Verzehr geeignet.

Eigenschaften

Mehrjährige Pflanze, blüht etwa von Juni bis September, erreicht eine Höhe von bis zu circa 1,50 m, der Durchmesser der Blüten beträgt 8 bis 10 cm. Die Pflanzen sind sehr temperaturempfindlich und in unserem Klima ist es ziemlich schwierig, sie über den Winter zu bringen.

Gardenia jasminoides

Gardenia jasminoides

Geißblatt

Andere Namen: Jelängerjelieber, *Wald-Geißblatt*
Englisch: *Honeysuckle*

Lonicera spp.

Familie der Geissblattgewächse (Caprifoliaceae)

Das Wilde Geißblatt (*Lonicera periclymenum*) ist eine heimische Kletterpflanze, die im Sommer zahllose Blüten trägt und in den Abendstunden einen herrlichen Duft verströmt. Dies gilt vor allem für die als Zierpflanzen gezüchteten Arten, *Lonicera fragrantissima* sowie andere Varietäten trifft man eher ihres Dufts als ihrer Blüten wegen in unseren Gärten an. Der lateinische Name ist an Adam Lonitzer entlehnt, ein deutscher Arzt und Schriftsteller, der im sechzehnten Jahrhundert lebte. Der deutsche Name der Pflanze ist eigentlich der gleiche wie der lateinische Name der Pflanzenfamilie – *caprifolia* bedeutet Geißblatt – der englische Name *honeysuckle* (Honig saugen) kommt aus der Praxis. Viele Generationen von Kindern haben den süßen Nektar aus den kleinen Blüten gesogen. Die Tatsache, dass Ziegen auf die Blätter dieser Pflanzenfamilie versessen sind, hat zum niederländischen und zum deutschen Namen des Geißblatts und seiner Verwandten geführt. Geißblatt kommt auf der ganzen nördlichen Halbkugel vor und ist in Japan und China ebenso eingebürgert wie in Nordeuropa. Die meisten der etwa 200 Geißblattarten tragen gelbe oder weiße Blüten, aber es gibt zum Beispiel auch die Lonicera sempervirens, eine Pflanze mit wohlriechenden, scharlachroten, trompetenförmigen Blüten.

Farbskala

Gelb, rot, weiß

Symbolik

Das Geißblatt ist eine Liane oder Schlingpflanze, die nicht in der Lage ist, ihre Ranken aus eigener Kraft in die Höhe wachsen zu lassen; dazu ist sie von der Unterstützung anderer Pflanzen abhängig. Hierdurch wurde die Pflanze zum Symbol für die „erstickende Liebe", eine problematische Form von Beziehung, in der der eine zu abhängig vom anderen ist und so das Leben des anderen einengt.

Heilkunde und Küche

In der Kräuterheilkunde stellte man früher einen beruhigenden Sirup aus den Blütenblättern her. Ein wirksames Hausmittel, das aus Geiß-

blatt hergestellt wird, hilft gegen Frostbeulen an den Händen, wenn man zu lange draußen in der Kälte gearbeitet hat oder gewandert ist. Wenn man Geißblattöl erwärmt und die Hände mit ihm massiert, wird die Durchblutung schneller wieder in Gang gebracht.
Obwohl die Blütenblätter und der Nektar der Blüten ungefährlich sind, sind die bei Vögeln sehr beliebten Beeren für Menschen giftig, mit Ausnahme einiger weniger Arten, wie zum Beispiel *Lonicera edulis*, eine Pflanze mit essbaren Beeren, die in Tibet sehr geschätzt werden. Geißblatt wird auf Grund seines herrlichen Dufts häufig in Produkten wie Parfüms und Schaumbad verarbeitet, jedoch auch in ätherischen Ölen. Es findet auch als Blumenheilmittel Anwendung.

Eigenschaften

Mehrjährige Pflanze, blüht etwa von Juni bis Oktober, erreicht eine Höhe von mehreren Metern und hat zahllose, kleine Blüten, die oft von Nachtfaltern und Schmetterlingen besucht werden. Geißblatt ist eine schnell wachsende, große Pflanze, die in einem Garten leicht dominant sein kann.

Lonicera periclymenum

Lonicera periclymenum

Gladiole

Gladiolus spp.

Familie der Schwertliliengewächse (Iridaceae)

Die ursprünglichen Gladiolen stammen vor allem aus dem südlichen Afrika, außer einiger weniger Ausnahmen, die zum Beispiel in und um Griechenland herum heimisch sind (*Gladiolus illyricus*) oder eine seltsame Art, die auf den Britischen Inseln wächst. Heute werden sehr viele unterschiedliche Gladiolen gezüchtet.
Es gibt Hunderte von kultivierten Formen, die sich inzwischen den nördlichen Klimazonen angepasst haben. Allerdings müssen die Knollen im Winter ausgegraben und aufbewahrt werden. Die meisten Gladiolen duften kaum oder gar nicht. Eine angenehme Ausnahme ist die *Gladiolus callianthus*.

Farbskala

Gelb, rosa, rot, weiß

Symbolik

In Griechenland wurde die dort heimische Gladiole manchmal *xiphium* genannt, nach dem griechischen Wort *xiphos* oder Schwert, jedoch auch *hyakinthos*. Das zweite Wort hat unserer Hyazinthe den Namen gegeben, im alten Griechenland wurden jedoch die Gladiole und die Hyazinthe und manchmal auch die heimische Orchidee mit *hyakinthos* angedeutet, ebenso wie *xiphium* nicht nur für die Gladiole reserviert war, sondern auch für die Iris. Darum ist es auch eine heikle Angelegenheit, genau feststellen zu wollen, welche Blume in alten griechischen Texten gemeint ist, wir können jedoch davon ausgehen, dass die Gladiole viele Bedeutungen mit der Hyazinthe gemein hat, vor allem Trauer und Kummer. In der modernen Blumensprache hat die Blume ihre Symbolik vor allem der Assoziation mit einem Schwert zu verdanken (lat.: *gladius*) und somit mit Gladiatoren. Deshalb gilt die Blume als Symbol der Kraft und Willenskraft, eines starken Charakters und Integrität. Die Schwertsymbolik basiert nicht auf den Blumen, sondern auf der Blattform der Pflanze. Sie war früher sogar Anlass für den Aberglauben, dass Gladiolen, die man bei sich trug, gegen Schwertstiche schützen sollten.

Heilkunde und Küche

Wir züchten Gladiolen allein der farbenprächtigen Blüten wegen und haben vergessen - oder nie gewusst - dass die Knollen essbar sind. In Afrika hingegen, wo die Gladiole ursprünglich her-

Gladiolus 'Spring Green'

Gladiolus 'Serafin'

stammt, war sie eher eine Nutzpflanze mit auffälligen Blüten als eine Zierpflanze mit essbaren Knollen. Geröstet schmecken die Knollen nach Kastanien.

Angaben über frühere Anwendungen in der Heilkunde sind spärlich. Getrocknete und gemahlene Knollen wurden, vermischt mit Ziegenmilch, gegen Bauchkrämpfe eingenommen. Ein Brei aus Gladiolenmehl wurde auch äußerlich verwendet und konnte, so glaubte man, Splitter aus der Haut ziehen.

Eigenschaften

Zwiebel- und Knollengewächs, blüht etwa von Juni bis September, erreicht eine Höhe von 40 cm bis 1,40 m.

Sterngladiole (*Gladiolus callianthus*)

Heliconia

Heliconia spp.

Familie der Heliconiengewächse (Heliconiaceae)

Ebenso wie die Paradiesvogelblumen wurden auch die vielen Arten der Heliconia lange Zeit zur Bananenfamilie (*Musaceae*) gerechnet. Sie sind mit dieser Familie auch verwandt und in tropischen und subtropischen Klimazonen wachsen sie oft in ihrer Nähe. Die circa 250 Arten und Varietäten der Heliconia bestehen aus zwei deutlich erkennbaren Kategorien, nämlich Pflanzen mit aufrecht stehenden und solche mit hängenden Blüten.
Ursprünglich stammen sie aus Mittel- und Südamerika und von den Inseln der Karibik. Heute findet man die Pflanzen auch auf Hawaii und in den tropischen Gebieten Asiens. Wilde Pflanzen wachsen so schnell und kräftig, dass man sie mancherorts sogar für Unkraut hält. Niedergebrannter Regenwald ist einige Jahre später völlig von Heliconia überwuchert.

Farbskala

Gelb, grün, orange, rot, weiß

Symbolik

Der Name Heliconia basiert auf dem bekannten Berg *Helikon*, der eine interessante Rolle in der griechischen Mythologie spielt. Diesem Berg entspringt eine heiße Quelle, aus der die neun Musen ihre Inspi-

Heliconia rostrata

'Hanging Lobsterclaw'

ration schöpften, wodurch sie zu den auch heute noch bekannten Göttinnen aller Formen der Kunst wurden. Es ist ein perfektes Bild für diese sehr außergewöhnliche, fast außerirdisch wirkende Gruppe von Blumen, die sowohl Eleganz und Subtilität als auch Kraft und paradiesische Fülle ausstrahlen. Es ist also kein Wunder, dass die Heliconia in der Blumensprache für Inspiration und Kunstsinn steht. Angesichts der außergewöhnlichen und surrealistischen Formen, die manche Pflanzen aufweisen, war es eine hervorragende Idee, dass eine Varietät, die vor einigen Jahren gezüchtet wurde, Heliconia „Salvador Dali" genannt wurde.

Heilkunde und Küche

Es ist schon lange bekannt, dass einheimische Völker in Brasilien und anderen Ländern in Mittel- und Südamerika aus Teilen der Heliconia Heilmittel herstellten, doch nur zwei Verwendungen sind bewahrt geblieben, beide von der Art *Heliconia rostrata*, die auch als *Hanging Lobsterclaw* (hängende Krebsschere) bekannt ist. Der dicke, zähflüssige Saft, den die Blumen produzieren, ist als Gesichtsmaske gegen Akne brauchbar und ein Pulver, das aus den Wurzeln bereitet wird, unterstützt das Heilen von Wunden.

Diese Pflanzen sind jedoch vor allem für das Ökosystem wichtig und sie schützen die regionale Bevölkerung auf unsichtbare Weise. Ebenso wie die Amaryllis ist auch die Heliconia sehr beliebt bei Kolibris. Diese Vögelchen sind versessen auf Heliconia-Nektar und sie töten zugleich gefährliche Malariamücken. Es sind also im Grunde die Kolibris, die den Menschen gegen diese Krankheit beschützen, doch die Heliconia ist ein wichtiges Zwischenglied. Heliconien finden noch andere praktische Anwendungen. Im karibischen Gebiet Mexikos verpackt man zum Beispiel Nahrung in ihren Blättern und manchmal dienen sie sogar als Dachbedeckung einfacher Häuschen oder Hütten.

Eigenschaften

Mehrjährige Pflanzen die – je nach Art – eine Höhe von 75 cm bis 7 m erreichen. Diese tropischen Pflanzen können in unserem Klima nur in Gewächshäusern oder im Hause überleben und sind überwiegend als Schnittblumen erhältlich. So können sie manchmal einen ganzen Monat das Zimmer schmücken.

Heliconia psittacorum

Heliconia sp.

Heliconia bihai

Heliconia chartacea 'Sexy Pink'

Heliconia psittacorum 'Parrot's Beak'

Hibiskus

Andere Namen: *Stundenblume, Roseneibisch*
Englisch: *Hibiscus*

Hibiscus spp.

Familie der Malvengewächse (Malvaceae)

Die schöne, wohlriechende Eintagsblume mit dem Namen Hibiskus stammt ursprünglich aus asiatischen Ländern wie China, Indonesien und Malaysia, sie kommt jedoch auch schon jahrhundertelang auf diversen Inseln im Stillen Ozean vor, zum Beispiel auf Fiji und Hawaii. Der Hibiskus ist bekannt für seine Fülle an Farbvarietäten und Farbkombinationen, von denen manche auf natürliche Weise entstanden sind und andere durch bewusste Kreuzung bestehender Arten.

Obwohl es mehrere Arten von Hibiskus gibt, zum Beispiel *Hibiscus waimeae* (aus Hawaii) und *Hibiscus schizopetalus* (mit gespaltenen Blättern), die Art, die man sowohl in der Natur als in der Literatur am häufigsten antrifft, ist der auch als „Chinesischer Roseneibisch" bekannte *Hibiscus rosa-sinensis.* Diese und andere Arten sind weltweit, von Afrika bis Indien und von China bis Ägypten, als heilkräftige Pflanzen bekannt und man gebraucht sie als Ingredienz in Teemischungen oder in anderen Getränken und Nahrungsmitteln.

Farbskala

Überwiegend rot, rosa, weiß

Symbolik

In China, wo der Hibiskus eine der wichtigsten Blumen ist, steht er hauptsächlich für Reichtum, Ruhm und andere Formen von Glanz. Man nimmt den Hibiskus gern als Vergleich für anziehende Frauen. Eine schöne Frau wird „Hibiskusgesicht" genannt, „Wasserhibiskus" deutet ein Mädchen an, das ein Bad nimmt, und „hinter der Hibiskusgardine" spielt auf die Aktivitäten in einem Bordell an. Auch anderenorts wurden die Blumen mit Schönheit assoziiert und auf Fiji kennt man zum Beispiel ein Hibiskusfestival, wo seit 1966 die Miss-Hibiskus-Wahl veranstaltet wird.

In anderen ostasiatischen Ländern ist der schöne, jedoch schnell verwelkende Hibiskus eine unentbehrliche Blume für viele Rituale und zudem ein beliebtes Opfer, das zu jedem Besuch an einen

Tempel gehört. Vor allem auf Bali werden die Blumen auf diese Weise gebraucht. Dort gelten sie sogar als heilig.
Anderenorts, zum Beispiel auf Hawaii, werden die prächtigen, zarten Blumen zu Girlanden gebunden, die so genannten *Leis*. Diese Girlanden, die auch mit anderen Blumen gebunden werden, bietet man traditionell jedem Besucher der Insel als Zeichen des Willkommens an. Doch auch die junge hawaiische Frau gebraucht die Hibiskusblüte als Schmuck mit einer symbolischen Bedeutung. Trägt sie einen Hibiskus über dem rechten Ohr, bedeutet das sie „noch frei", über dem linken Ohr das Gegenteil.

Hibiscus rosa-sinensis

Hibiscus rosa-sinensis

Der Hibiskus ist das Blumenemblem von Malaysia und seit 1988 auch des amerikanischen Staates Hawaii. Das Blumenemblem von Hawaii ist eine einheimische gelbe Art, die dort *Pua Aloalo* heißt.

Heilkunde und Küche

Aus Hibiskusblütenblättern werden Farbstoffe hergestellt, mit denen Nahrungsmittel oder Getränke gefärbt werden. Frauen im alten China färbten ihr Haar damit. In Indien und Indonesien wurde früher das Leder von Schuhen mit Hibiskus gefärbt. Sowohl die Blätter als auch die Blüten sind essbar. In Hawaii aß man sie roh, in China hingegen wurden sie erst eine Zeit lang in Essig eingelegt.

In Afrika wird eine bestimmte Hibiskusart (*Hibiscus sabdariffa*) gepflückt und getrocknet, um eine (Volks-) Medizin daraus herzustellen, die sowohl bei Infektionen als auch bei Muskelkrampf hilft. Im alten Ägypten fand Hibiskus bei Herzleiden oder Nervenbeschwerden Anwendung. Die umfassendste medizinische Verwendung des Hibiskus stammt von Inseln wie Samoa, Tahiti, Vanuatu und den Philippinen, wo man nicht nur Blüten und Blätter, sondern auch Wurzeln und Rinde bei zahllosen Anzeichen nutzt: Bei Menstruationskrämpfen, Hautproblemen, Irritation der Augen usw.

Von der Anwendung des Hibiskus wird Reisenden abgeraten, die Malariamittel mit dem Bestandteil *Chloroquin* einnehmen; Hibiskus setzt die Wirksamkeit dieses Mittels herab.

Eigenschaften

Mehrjährige Pflanze mit Eintagsblumen, blüht etwa von März bis Oktober. In der Natur kann die Pflanze eine Höhe von bis zu 5 m erreichen, doch bei uns, in einen Kübel gepflanzt, wird sie circa 1,50 m groß. Die Blüten können größer als 20 cm werden und sie sind sehr verlockend für Schmetterlinge.

Hibiscus rosa-sinensis

Hortensie

Hydrangea spp.

Familie der Hortensiengewächse (Hydrangeaceae)

Früher wurden diese Blumen den *Saxifragaceae* zugeordnet, wie auch unter anderem die Johannisbeere und der Steinbrech, doch ihr einmaliger Charakter rechtfertigt eine eigene botanische Familie für diese Pflanzen. Das merkwürdige und auffällige vieler Hortensien ist, dass ihre Blüten – auf unerklärliche Weise, so dachte man früher – innerhalb ein und derselben Blütezeit ihre Farbe verändern. Weiße Blüten werden zum Beispiel dunkelrosa oder violettrot, rosa Blüten können nach einigen Wochen allmählich blau werden. Wie immer in der Natur gibt es Ausnahmen von der Regel: Die Blüten der *Hydrangea paniculata* bleiben zum Beispiel immer weiß.

Auf Grund dieser besonderen Eigenschaft der Blumen waren sie jahrhundertelang von einer magischen Aura umgeben und obwohl wir das Rätsel gelöst haben, bleibt die Hortensie in unseren Gärten und auf unseren Balkonen eine mysteriöse Pflanze.
Heute weiß man, dass die Färbung der Blüten von der Zusammensetzung der Erde abhängt, in der die Pflanze steht, genauer gesagt, vom Vorhandensein oder Nichtvorhandensein von Aluminium und Eisen, sowie vom Säuregrad der Erde. Eine besonders intensive blaue Färbung entsteht, wenn man der Erde, in der eine kugelförmige *Hydrangea macrophylla* steht, Ammoniumalaun hinzufügt, denn diese Art reagiert besonders empfindlich auf diesen Stoff und kann deutlich sichtbar ihre Färbung verändern.

Farbskala

Blau, rot, rosa, weiß

Symbolik

Da man die Ursache der Farbveränderungen dieser Pflanzen lange Zeit nicht kannte, hat das chamäleonartige Verhalten der Hortensien dazu geführt, dass sie in der Blumensprache für Launenhaftigkeit und Unberechenbarkeit stehen. Sich diesem Gedankengang anschließend sind die Blumen sogar das Symbol für Opportunismus geworden.

Heilkunde und Küche

Es sind keine wichtigen Anwendungen dieser Blumen bekannt.

Eigenschaften

Mehrjährige Pflanze, blüht etwa ab Juli, erreicht eine Höhe von circa 1,20 m und hat große Dolden, die oft sehr lange schön bleiben.

Hydrangea sp.

Hydrangea sp.

Hyazinthe

Englisch: *Hyacinth, Jacinth, Bluebell*

Hyacinthus orientalis

Familie der Liliengewächse (Liliaceae)

Hyazinthehus orientalis kommt ursprünglich, wie der Name schon sagt, aus dem Nahen Osten, vor allem aus der Türkei. Die ersten Hyazinthen der winterharten Art erreichten Westeuropa erst im sechzehnten Jahrhundert. Mit der anfänglich in nur vier Farben blühenden Pflanze wurde in den darauf folgenden Jahren eingehend experimentiert. Das Resultat war, dass schon 150 Jahre später zweitausend kultivierte Arten in einer weiten Farbskala erhältlich waren.

Farbskala

Blau, blauviolett, gelb, rot, rosa, weiß

Symbolik

Im alten Griechenland waren Hyazinthen ein Symbol der Trauer und darum wurden sie oft zu Grabkränzen gebunden. Diese Tradition geht zurück auf den Mythos von *Hyakinthos*, ein Jüngling, der der Liebhaber des Gottes *Apollon* war. Als sie eines Tages mit einem eisernen Diskus „Frisbee" spielten, änderte der eifersüchtige Windgott *Zephyros* die Flugrichtung des Geschosses so, dass es gegen die Stirn von Hyakinthos flog, der auf der Stelle tot umfiel. Aus dem Blut, das auf die Erde strömte, entstand eine Blume mit einem hängenden Kopf. Der wehklagende, trauernde Apollon nannte sie Hyazinthe. In der griechischen Religion wurde der sterbliche Hyakinthos einige Jahrhunderte später zum Gott erhoben und man feierte jedes Jahr die *Hyakinthien*, ein drei Tage dauerndes Fest, an dem um die Toten getrauert, jedoch auch gefeiert wurde, dass die Festteilnehmer am Leben waren.

Diese Geschichte ist ein wenig fragwürdig, da die Hyazinthe schon in Mythen von viel älteren Gottheiten vorkommt. Auch in ihnen ist sie zwar eine Totenblume, doch anstatt Apollon waren die Blumen *Demeter* geweiht, der Göttin der Fruchtbarkeit, die um ihre entführte Tochter trauerte.

Heute wird die Hyazinthe nicht mehr als Totenblume angesehen sondern, je nach Farbe, als eine Blume, die Hingabe und Loyalität ausdrückt (blau) oder Respekt und Achtung (weiß). Dass gelbe Hyazinthen ein Symbol für Eifersucht sind, ist kein spezifisches Merkmal dieser Blumen; die Farbe gelb selbst beinhaltet diese Assoziation und darum wird sie im Allgemeinen auch auf gelbe Blumen übertragen.

Heilkunde und Küche

Alle Teile der Pflanze sind bei Verzehr giftig, insbesondere die Zwiebeln; häufige Berührung der Zwiebeln kann Juckreiz und Irritationen zur Folge haben.

Eigenschaften

Winterharte Zwiebelpflanze, blüht von März bis Mai, wird zwischen 15 bis 30 cm hoch und hat glockenförmige Blüten.

Blaue Traubenhyazinthe

Hyacinthus orientalis

Immergrün

Andere Namen: *Singrün*
Englisch: *Periwinkle, Creeping myrtle*

Vinca major, Vinca minor

Familie der Hundsgiftgewächse (Apocynaceae)

Es gibt etwa zehn Immergrünarten. Das Kleine Immergrün (*Vinca minor*) ist heimisch in Nord- und Mitteleuropa, das große (*Vinca major*) im Mittelmeergebiet von Frankreich bis Nordafrika. Beide Pflanzen blühen heute auch in unserem Landstrich. In den Legenden vom Immergrün und in Bräuchen, in dem es eine Rolle spielt, wird fast kein Unterschied zwischen den beiden Arten gemacht.

Farbskala

Blassblau und hellviolett; manchmal rot oder weiß

Symbolik

In alten Texten findet man das Immergrün manchmal unter dem Namen *Vinca pervinca.* Dieser lateinische Name ist im Englischen zu periwinkle verballhornt. Die Pflanze war von Tabus umgeben und durfte nur an bestimmten Tagen gepflückt werden, abhängig von den Mondphasen. Man glaubte, dass ein Trunk von Immergrün den Fluch einer Hexe aufheben konnte und dass derjenige, der Immergrünblüten in der Tasche hatte, mit Glück und Wohlstand rechnen konnte. Man schrieb der Pflanze auch zu, dass sie feststellen konnte, ob jemand eine Hexe war und aus diesem Grunde wurde sie in den Niederlanden auch Hexenveilchen und in Frankreich und England Zauberveilchen genannt. In manchen Gebieten Europas, vor allem in Frankreich, prophezeite man mit Hilfe der Blumen am Neujahrstag oder Dreikönigstag die Gesundheit oder den nähernden Tod der Anwesenden. In anderen Gegenden prophezeite Immergrün, ob jemand sich verlieben und heiraten würde. Dies spiegelt sich in der Blumensprache wider, in der Immergrün für Freundschaft und Liebe steht.

Heilkunde und Küche

Vor Jahrhunderten wurde das Immergrün, sowohl die große als auch die kleine Art, in vielen Klostergärten angepflanzt, da es die Eigenschaft hat, Wunden zu heilen. In dem Maße, wie die Erfahrung mit der Anwendung zunahm, bevorzugten Ärzte und Kräuterdoktoren das Kleine Immergrün (*Vinca minor*). Von Diphtherie bis hin zu Alpträumen, von Hauterkrankungen bis Diabetes und von Schlangenbissen bis Nasenbluten, die Stoffe in den Blättern dieser Pflanze lieferten allerlei brauchbare Heilmittel. Heute ist das Immergrün vor allem in der Homöopathie noch von Bedeutung.
In der Küche spielt das Immergrün keine Rolle. Man hat die Pflanze in kleinem Umfang zum Brauen von Bier verwendet. In Russland diente es eine Zeit lang zur Papierherstellung und anderswo wurden

die starken Fasern zu Tau verarbeitet, eine Verwendungsmöglichkeit, die schon im alten Rom bekannt war.
Achtung! Es gibt noch eine völlig andere Pflanze, die zu Unrecht auch Immergrün heißt. Obwohl sie keine Vinca-Art ist, wird diese Pflanze doch *madagassisches Immergrün* genannt. Diese Pflanze, *Catharantus roseus*, liefert zwar wertvolle Stoffe zur Behandlung von Leukämie und anderer Krankheiten, sie ist jedoch auch äußerst giftig. Der Verzehr oder das Rauchen dieser Pflanze – so hat experimenteller Gebrauch gezeigt – greift die weißen Blutkörperchen an (wodurch der Konsument gegen viele Krankheiten anfällig wird) und führt zu Haarausfall und dem Gefühl, inwendig zu verbrennen. Sie können es besser vergessen!

Eigenschaften

Mehrjährige Pflanzen. Vinca major blüht etwa von März bis Juni und erreicht eine Höhe bis zu 60 cm. Vinca minor blüht fast das ganze Jahr, daher auch der Name Immergrün, die Periode von April bis September ist die Hauptblütezeit und es wird 10 bis 40 cm groß.

Vinca minor

Vinca major

Vinca minor

Iris

Andere Namen: *Schwertlilie*
Englisch: *Iris*

Iris spp.

Familie der Schwertliliengewächse (Iridaceae)

Die Iris oder Schwertlilie ist eine Pflanze, die in den gemäßigten Klimazonen der nördlichen Halbkugel heimisch ist und viele der Namen der als Zierpflanzen gezüchteten Blumen verdeutlichen dies unverkennbar. So gibt es eine Deutsche Schwertlilie (*Iris germanica*-Hybriden), Florentiner Schwertlilie (*Iris florentina*), Holländische Schwertlilie (*Iris hollandica*-Hybriden), Japanische Schwertlilie (*Iris kaempferi*) und Sibirische Schwertlilie (*Iris sibirica*).
Heute gibt es zahllose Kulturformen und Hybriden. Dank der vielen Liebhaber, Amateure und Züchter, die sich oft ausschließlich mit diesen Blumen beschäftigen, kommen jährlich neue Formen und Farbkombinationen hinzu. Angesichts der Menge an Farben und Blütenformen hat es den Anschein, als ob die Iris dasjenige für die nördliche Halbkugel ist, was die Orchidee für die südliche ist: Ebenso bezaubernd wie sensuell und mystisch. Eine oder mehrere stilisierte Schwertlilien zierten die Banner oder Schilde der französischen Könige von Louis VI. bis Louis VIII. Sie ließen auch Münzen schlagen, auf denen eine Schwertlilie abgebildet war. Aus jener Zeit stammt der Name *fleur de Louis*, ein Name, der später verballhornt und vereinfacht wurde zu *fleur-de-lis*. Im vierzehnten Jahrhundert wählte auch das englische Königshaus, als Ausdruck seines Anspruchs auf den französischen Thron, die Schwertlilie zum Symbol. Andere Fürstenhäuser folgten und auf diese Weise wurde die Schwertlilie mehr oder weniger das Symbol des Königtums schlechthin. In Frankreich und Holland, in England und im französischen Flandern und sogar in Italien stand die Schwertlilie auf Flaggen, Bannern und Schilden.

Farbskala

Blau, gelb, violett, weiß

Symbolik

Sowohl der Name der Iris des Auges, jener farbigen Haut in der sich die Pupille befindet, als auch der der Blume, lei-

ten sich von der griechischen Göttin *Iris* her, die in Form eines Regenbogens eine Brücke zwischen Himmel und Erde schlug und als Bote zwischen dem Götterreich und der Menschheit fungierte. Im Tarot, auf Karte 14, „Die Mäßigkeit", sind auch Schwertlilien zu sehen, und zwar von der Art *Iris pseudacorus*. Es ist die am Wasser wachsende Wasserschwertlilie, die auch als Gelbe Schwertlilie bekannt ist.
Die Symbolik der Iris ist jedoch immer die gleiche und sie steht in deutlichem Zusammenhang mit der griechischen Göttin: Eine Iris bedeutet vor allem eine Botschaft, eine Form der Kommunikation. Hiervon abgeleitet steht diese Blume auch für Intuition, die man als eine Art Botschaft des göttlichen oder des höheren Bewusstseins verstehen kann.
Im christlichen Glauben hat man die Iris wieder mit anderen Augen gesehen. Man sah in ihren drei Blütenblättern eine Widerspiegelung der Dreieinigkeit und die schwertartige Form erinnert an die Tränen, die Maria vergoss, als Jesus am Kreuz von einem Schwert verwundet wurde. Auch außerhalb von Europa ist die Iris eine symbolische Blume; in Ägypten war sie zum Beispiel die Blume der Redegewandtheit, und im Islam pflanzte man zum Zeichen der Trauer weiße Schwertlilien auf ein Grab.
Die Iris oder *fleur-de-lis* ist das Blumenemblem von Frankreich und auch vom amerikanischen Staat Tennessee. Auch Jordanien hat die Iris als nationale Blume angenommen, jedoch ausdrücklich die so genannte „Schwarze Iris", eine sehr dunkle, violettblaue Art.

Heilkunde und Küche

Heute werden Schwertlilien auch in wärmeren Klimazonen gezüchtet, und zwar nicht nur als Zierpflanze. Die Wurzeln, insbesondere die der Florentiner Schwertlilie oder *Iris florentina*, werden in großem Umfang in der Kosmetik- und Parfümindustrie verarbeitet und die Wurzeln bestimmter Arten der *Iris germanica* werden medizinisch genutzt und in Likörbrennereien verarbeitet.
Achtung: Blatt und Wurzeln sind giftig und nicht zum Verzehr geeignet.

Eigenschaften

Kommt als Zwiebel- und Knollengewächs, jedoch auch mit Wurzeln vor; blüht meistens im Mai und Juni, manche Arten jedoch auch später, etwa bis September. Die Größe variiert von 15 cm bis 1,20 m. Die Zucht von Schwertlilien ist eine Frage der Geduld, denn die Pflanzen tragen in den ersten Jahren noch wenig Blüten; erst nach einigen Jahren blühen sie üppig.

Zwergiris 'Morning Show'

Knospe einer Iris

Zwergiris 'Hattrick'

Zwergiris 'Shenanigan'

Jasmin

Jasminum spp.

Familie der Ölbaumgewächse (Oleaceae)

Der Jasmin ist eine Pflanze, die ihrer heilkräftigen Qualitäten wegen bekannt und ihres Duftes wegen beliebt ist. In den westlichen Sprachen ist der Name noch fast der gleiche geblieben wie im alten Persien, wo man die Pflanze *Yasmin* nannte und wo man die Blütenblätter bereits in mit Sesamöl gefüllte Fässer legte, um den Blumen ihren Duft zu entziehen und ihn zu bewahren.

Obwohl der Jasmin ursprünglich aus dem Himalayagebirge stammt – heute wächst er in den Ländern Bhutan, China, Indien, Nepal, Pakistan und China – wird die moderne, kommerzielle Zucht des Jasmins hauptsächlich in Spanien, Frankreich, Italien und diversen Ländern des Nahen Ostens betrieben. Die besten Pflanzen für die medizinische Verwendung sind die überwiegend in Asien wachsende Art Jasminum officinale, die großblättrigen Pflanzen des Jasminum grandiflorum hingegen werden vor allem ihrer Duftstoffe wegen geschätzt. Die Herkunft der Pflanze bleibt auch in diesen Ländern spürbar: Der Duft der Blumen, die auf größerer Höhe wachsen, ist verfeinerter.

Es gibt einige Pflanzen, die Jasmin genannt werden oder in deren botanischen Namen das Wort *jasminoides* vorkommt. Diese Pflanzen sind jedoch keine Jasminarten, sondern ähneln dem Jasmin nur oder haben einen Duft, der an Jasmin erinnert. Beispiele sind der Falsche Jasmin oder Pfeifenstrauch (*Philadelphus coronarius*), Chinesische Gelbschote (*Gardenia jasminoides*) oder die giftige Kletterpflanze, die als Weißer Schwan (*Solanum jasminoides*) und als *White Potato Vine* bekannt ist.

Farbskala

Meist weiß, manchmal gelb oder rosa

Symbolik

Jasmin ist das Blumenemblem sowohl von Pakistan als auch von Indonesien, wo die Pflanze unter dem Namen *Melati* bekannt ist.

Heilkunde und Küche

Die heutige kosmetische Industrie gebraucht Jasminum grandiflorum als Zusatz für teure und exklusive Parfüms, doch der Duft – von echten Blüten oder künstlich hergestellt – wird auch Seifen, Shampoos und Cremes zugesetzt.

Abgesehen von dieser kosmetischen Verwendungen der getrockneten Blüten (*Jasminum officinale*), wird auch Tee aus ihnen hergestellt oder sie werden schwarzem oder grünem Tee oder Kräutermischungen beigemischt; meist ist der Duft wichtiger als medizinische Motive. In

diesem Fachgebiet ist der Jasmin jedoch schon seit Jahrhunderten bekannt. Er wurde in der Heilkunde als Mittel zur Behandlung von Darmparasiten, Gebärmutterschmerzen, Atmungsschwierigkeiten und manchmal sogar von Krebs eingesetzt.
In der heute populären Aromatherapie ist essenzielles Jasminöl ein Mittel gegen Stress, Ängste und Depressionen. Einige Tropfen Jasminöl im Badewasser können beruhigend und erfrischend wirken. Der Duft des Jasmins passt sehr gut zu dem des Sandelholzes; einige Tropfen von beiden Ölen mit einem neutralen Massageöl vermengt sorgen für eine besonders angenehme Massage.

Eigenschaften

Mehrjährige klettergewächsartige Pflanzen, die von Juni bis September blühen und eine Höhe von bis zu 10 m erreichen können. Es gibt jedoch auch einen Winterjasmin (*J. nudiflorum*). Seine Blütezeit liegt zwischen November und März und die Blüten verströmen keinen Duft.

Ebenso wie es bei der Engelstrompete und der weißen Lilie der Fall ist, sind manche Menschen mehr oder weniger allergisch gegen den schweren, manchmal betäubenden Duft.

Jasminum officinale

Solanum jasminoides

Johanniskraut

Andere Namen: *Tüpfelhartheu, Mannsblut, Hexenkraut*
Englisch: *St. John's wort, Cammock, Penny John*

Hypericum perforatum

Fam. der Teestrauchgewächse (Guttiferae of Hypericaceae)

Die Mitglieder der Gattung *Hypericum* sind tropische Pflanzen, deren einzige Ausnahme das Johanniskraut bildet. Diese Pflanze ist in einem großen Gebiet heimisch, das sich von Europa bis zum Himalaya erstreckt, doch sie verbreitete sich schon vor langer Zeit auf der ganzen Welt und wächst fast überall, wo die Sonne oft scheint. Die heilkräftige Wirkung ist schon seit Menschengedenken bekannt. Heute hat es jedoch das Image eines altmodischen Volksheilmittels verloren. Das Johanniskraut ist ein eingehend untersuchtes, modernes Medikament geworden, von dem ganze Völkerstämme, die unter Hektik und Stress leiden, Nutzen haben. Den Römern war das Kraut schon bekannt als Arnika für das Nervensystem, doch am Ende des zwanzigsten Jahrhunderts bekam es einen neuen Beinamen: Natürliches Prozac.

In den letzten Jahren haben der Ruhm und die Verwendung der *Hypericum-perforatum*-Präparate derartig zugenommen, dass mit den Präparaten von dieser Pflanze allein schon in Deutschland ein Umsatz von mehr als 100 Millionen Mark erreicht wurde (1996). Auch in den Niederlanden ist es ein Trend geworden und man geht davon aus, dass dort über 100.000 Menschen regelmäßig Präparate mit Johanniskraut einnehmen, das früher auch Hexenkraut genannt wurde.

Farbskala

Gelb

Symbolik

Die Pflanze hat ihren heutigen Namen dank der Assoziation mit dem Namenstag des heiligen Johannes erhalten (Erläuterung siehe Kamille), was darauf hinweist, dass man dieses Kraut als die wichtigste heilkräftige Pflanze akzeptierte. Es ist sicher, dass die Pflanze schon vor dem Kult um den heiligen Johannes als Zauberpflanze bekannt war. Man sagt, dass jemand, der auf eine der Blumen tritt, sofort in die Luft gewirbelt wird und eine ganze Nacht lang ein wildes Galopp auf dem Rücken eines fliegenden Pferdes überstehen muss, bis er am nächsten Morgen vollkommen erschöpft und kraftlos wieder zurückkehrt. Man schreibt der Blume zahlreiche magische Kräfte zu, vom Fernhalten von Dämonen bis zum Schutz gegen Tollwut.

Heilkunde und Küche

Die wirksamen Stoffe des Johanniskrauts befinden sich in Stängel und Blatt, Knospen und Blüten. Zur Bereitung des Öls für innerliche und äußerliche Anwendung werden vor allem die Blüten und Blätter gebraucht. Johanniskraut wurde schon vor langer Zeit bei Verfassungen eingesetzt, die man Wahnsinn und Geistesgestörtheit oder Besessenheit vom Teufel nannte. Die bekanntesten und häufigsten Anwendungen waren äußerlich. Konzentriertes Öl guter Qualität leistet hervorragende Hilfe bei der Heilung von mancherlei Wunden, Prellungen oder Geschwüren. Diese Anwendungen werden inzwischen jedoch vom neuen Trend überschattet: Die wirksamen Stoffe des Johanniskrauts, unter anderem *Hypericin* und *Pseudohypericin*, werden in Tablettenform als Antidepressivum verkauft, genauer gesagt als Heilmittel gegen Niedergeschlagenheit, Ängste, Phobien, Schlaflosigkeit, Ruhelosigkeit und Depressionen. Zahlreiche, wissenschaftlich verantwortete Studien haben die positive Wirkung dieser Mittel bewiesen, es ist jedoch sehr interessant, dass die moderne Wissenschaft noch nicht in der Lage ist, zu klären, um welche Stoffe es sich genau handelt und wie der Effekt zu Stande kommt. Solange dies nicht bekannt ist, bleibt das Wunderkraut also im Grunde magisch. Die Untersuchungen gehen weiter: Von New York bis Tel Aviv wird mit der Pflanze experimentiert und es gibt schon Hinweise, dass künftige Medikamente gegen HIV und Herpes unter anderem aus diesem Hexenkraut bestehen werden.

Achtung! Das holländische Ministerium für Volksgesundheit hat im Februar 2000 eine Warnung publiziert, dass das Einnehmen von *Hypericum-perforatum*-Präparaten die Wirksamkeit von Antibabypillen oder bestimmten Arzneimitteln, wie HIV-Medikamente und Antigerinnungsmittel, beeinflussen kann. Menschen, die diese Mittel zusammen mit Johanniskraut einnehmen, wird geraten, Kontakt zu ihrem Apotheker, Arzt oder Facharzt aufzunehmen. Eine andere Nebenwirkung des Johanniskrauts, die in dieser Zeit von Ozonlöchern und Hautkrebs wichtig ist, wurde jedoch nicht erwähnt. Sehr häufiger oder übermäßiger Gebrauch von Hypericum-Präparaten, insbesondere des Öls, führt zu Überempfindlichkeit der Haut gegen Licht, deshalb hat sie zusätzlichen Schutz nötig.

Eigenschaften

Mehrjährige Pflanze, blüht etwa von Juni bis August, erreicht eine Höhe von 60 cm im ersten Jahr und kann im zweiten Jahr 1 m hoch werden. Die Pflanze hat nach Zitronen duftende Blüten und liefert im zweiten Jahr die beste Ernte. Die Blätter sind mit zahllosen, durchsichtigen Drüsen bedeckt, wodurch es den Anschein hat, als ob das Blatt mit kleinen Löchern übersät ist.

Kamille

Andere Namen: *Hundskamille*
Englisch: *Camomile*

Matricaria chamomilla, Anthemis spp.

Familie der Korbblütler (Compositae)

Da diese bekannte Pflanze zwei lateinische Namen hat, können wir sofort folgern, dass es verschiedene Pflanzen gibt, die in der Alltagssprache Kamille genannt werden. In Quellen aus jener Zeit, in der es noch keine deutliche botanische Klassifizierung gab, kann man oft nicht erkennen, um welche dieser Arten, die in Europa und im westlichen Asien heimisch sind, es sich handelt. Im Laufe der Zeit sind zahlreiche Begriffe und Volksnamen entstanden, die die Absicht hatten, die verschiedenen Arten auseinander zu halten, doch das ist offensichtlich nicht ganz gelungen.
Der eine nennt die Blume, die ein anderer Geruchlose Kamille nennt zum Beispiel Färberkamille; ein anderer behauptet, dass die Geruchlose Kamille weiße Blüten hat, ebenso wie die Echte, Falsche und Römische Kamille.

Es gibt kein System und nur die botanischen Namen bieten ein wenig Halt. Falls nicht anders angegeben, betrifft sämtliche unten stehende Information die Echte Kamille, offiziell bekannt als *Matricaria chamomilla.*

Echte Kamille *Matricaria chamomilla*

Farbskala

Gelb, weiß

Geruchlose Kamille *Matricaria maritima*

Symbolik

Die heilkräftige, reinigende Wirkung der Kamille hat manche Formen des Aberglaubens im Hinblick auf diese Pflanze inspiriert. Menschen in diversen Ländern glaubten, dass die Kamille magische Kräften hat: Wie man behauptet, sollten im Hause aufgehängte Blumen das Haus reinigen und schützen, um ein Haus herum gestreut sollte die Kamille die Bewohner angeblich gegen Flüche und Zauber schützen. Professionelle Kartenspieler benutzten Kamillenextrakt zum Waschen ihrer Hände, um sie besonders sauber und empfindlich zu machen; sie dachten, auf diese Weise ihre Gewinnchancen beim Kartenspiel zu erhöhen.

Man glaubte auch, dass am 24. Juni – am Namenstag des heiligen Johannes des Täufers – gepflückte Kamille, ebenso wie das Gänseblümchen, besonders wirksam sein sollte. Jedoch schon vor der Zeit des heiligen Johannes, lange Zeit vor dem Christentum, war die Blume dem germanischen Gott *Balder* (oder Baldur) geweiht und trug den Namen *Balderbra*, Balders Augenbrauen. Die Kamille spielte darum, wie auch dieser Sonnengott, eine besondere Rolle bei der Sommersonnenwende, dem *Litha*-Fest (Mittsommer), um den 21. Juni herum. An diesem Tag wurden magische Kräuter gesammelt, Liebestrunk bereitet und Rituale zum Schutz gegen das Böse, Krankheit und Unglück durchgeführt.
Der spätere Johannistag hat fast all diese Rollen übernommen und die magischen, heilkräftigen Pflanzen, von Kamille bis Johanniskraut, wurden als Segen dieses christlichen Heiligen und seines Gottes angesehen.
Die Echte Kamille, *Matricaria chamomilla*, ist das nationale Blumenemblem von Russland.

Heilkunde und Küche

Der Duft der Kamille wird oft als ein Duft von Äpfeln, mit dem von Heu vermischt, beschrieben, doch wer oft genug den Duft dieser kleinen Blumen gerochen hat, kennt ihn einfach als „kräftigen Kamillenduft". Die Pflanzen werden jedoch nicht so sehr ihres Duftes wegen geschätzt, sondern auf Grund ihrer beruhigenden Wirkung und heilkräftigen Anwendungsmöglichkeiten, von Gesichtsdampfbad bis hin zum Mittel, das raue Hände weicher macht, von Augenbad bis Entzündungshemmstoff und von beruhigendem Tee für Kinder bis zum Mittel gegen Albträume oder Verdauungsbeschwerden – die Kamille hat im Laufe der Jahrhunderte zahllose Leiden von unzähligen Menschen geheilt.

Eigenschaften

Die Echte Kamille ist eine einjährige Pflanze, sie blüht etwa von Mai bis August und erreicht eine Höhe von 15 bis 30 cm, die kleinen Blüten sind etwa 2 cm groß. Die Römische Kamille (*Anthemis nobilis*) und die Färberkamille (*Anthemis tinctoria*) haben gelbe Blätter und die Pflanzen werden bis zu circa 75 cm groß. Es gibt auch Kamillenarten, die winterhart und mehrjährig sind.

Römische Kamille *Anthemis nobilis*

Echte Kamille *Matricaria chamomilla*

Geruchlose Kamille *Matricaria maritima*

Echte Kamille *Matricaria chamomilla*

Klatschmohn

Andere Namen: *Feldmohn, Ackermohn*
Englisch: *Corn poppy, Field poppy*

Papaver rhoeas

Familie der Mohngewächse (Papaveraceae)

Die Familie der Mohngewächse umfasst circa hundert auf der nördlichen Halbkugel verbreitete Arten, unter anderem den an anderer Stelle behandelten Schlafmohn (*P. somniferum*, siehe Seite 152) und die hier behandelten Klatschmohnarten. Die deutschen Namen Feldmohn oder Ackermohn deuten nur den *Papaver rhoeas* an, aber in unseren Gärten und Feldern finden wir auch den Orientalischen Klatschmohn (*Papaver orientale*) und den Islandmohn (*Papaver nudicaule*).
Rhoeas basiert auf dem griechischen Wort *rho* (rot). Der Farbstoff, der den Blumen ihre intensive rote Farbe verleiht, heißt darum *Rhoeadin*.

Farbskala

Apricot, rot, rosa, weiß

Symbolik

Es gibt Legenden, sowohl aus dem alten Rom als auch aus dem modernen Frankreich stammend, die berichten, dass Klatschmohn auf einem Schlachtfeld aufblüht, wenn der Boden mit dem Blut von Tausenden von Toten durchtränkt ist. Man glaubte, dass das vergossene Blut hierfür verantwortlich sei. Inzwischen weiß man jedoch, dass der Grund für das Erscheinen der Blumen (und ihrer Farbe) nicht mit dem Blut zusammenhängt, sondern mit den Tausenden von rennenden Soldaten und den Fahrzeugen, die gewissermaßen den Boden umpflügen und die Samen freilegen, die, sobald sie mit dem Licht in Berührung gekommen sind, wenig später aufkeimen. Dass der Klatschmohn in der Blumensprache die Bedeutung von Trost hat, ist vielleicht die Folge von solchen Legenden.
Eine zweite Assoziation des Klatschmohns mit dem Tod basiert auf dem früher üblichen Namen Donnerblume. Man glaubte früher nämlich in zahlreichen europäischen Ländern, dass das Pflücken dieser Blumen den Blitz anzog und es galt als ein besonders schlechtes Vorzeichen, wenn beim Pflücken eines der vier Blätter abfiel. Dieser Aberglaube hielt sich bis zum Beginn des zwanzigsten Jahrhunderts.
Der Klatschmohn ist das nationale Blumenemblem von Polen.

Dreimal *Papaver rhoeas*

Heilkunde und Küche

Der Klatschmohn enthält einige Alkaloide, die mit den wirksamen Stoffen im Schlafmohn verwandt sind, doch das gefährliche, starke Morphin kommt nicht in ihm vor. Schon die Kelten kannten die beruhigende Wirkung des Klatschmohns. Früher hatte man die Gewohnheit, den Saft der Pflanze mit Babynahrung zu vermischen, um schreiende Babys zu beruhigen. Auch in unserer modernen Zeit wird der Klatschmohn noch in Präparaten für Kinder gebraucht, unter anderem gegen Keuchhusten oder als leichtes Beruhigungsmittel.

In Ägypten und Rom wurden vor allem die Samen ihres herrlichen Geschmacks und ihres Duftes wegen geschätzt. In Frankreich presst man auch heute noch ein spezielles Speiseöl aus Klatschmohnsamen.

Eigenschaften

Einjährige Pflanze, blüht etwa von Mai bis Juni, erreicht eine Höhe von 30 cm bis 1 m mit prächtigen, jedoch zarten Blüten. Anders als beim Schlafmohn ist die Samenkapsel nicht rund und kugelförmig, sondern länglich und eiförmig.

Klee

Andere Namen: *Wiesenklee, Rotklee, Weißklee*
Englisch: *Clover, Trefoil, Shamrock* (Iers)

Trifolium spp.

Familie der Schmetterlingsblütler (Legumiosae)

Wie der lateinische Name *Trifolium* (dreiblättrig) schon angibt, haben alle Kleepflanzen aus dieser großen Familie im Prinzip drei Blätter. Mehr Blätter kommen sehr selten vor, vermutlich durch einen genetischen Fehler. Da es so selten ist, wurde das vierblättrige Kleeblatt ein Glückssymbol. Von den circa 300 Arten Klee in dieser Familie ist vor allem der Rotklee (*Trifolium pratense*) auf der nördlichen Halbkugel weit verbreitet, von Kalifornien bis ans Mittelmeer und Nordafrika. Etwas seltener sind der Weißklee (*T. repens*) und der Kleine Klee (*T. dubium*), die zwar die gleiche Symbolik besitzen, jedoch keinen Wert für die Heilkunde oder Küche haben.

Farbskala

Weiß, rot

Symbolik

Da in zahlreichen Kulturen die Zahl drei als sehr wichtig gilt, ist die Assoziation des dreiblättrigen Klees mit der christlichen Dreieinheit nicht überraschend; es gibt ja noch viele andere Religionen, die dieses Konzept kennen. Im Christentum wurde der Klee außerdem auch ein Symbol für das den Gläubigen in Aussicht gestellte neue Leben nach dem Jüngsten Gericht und auf Grund der Doppelbedeutung von sowohl Abschied als auch Hoffnung wurde der Klee oft auf Gräbern gepflanzt. Der dreiblättrige Klee, der in Irland *shamrock* heißt, ist bis heute das nationale Blumenemblem Irlands, unter Berücksichtigung der Tatsache, dass mit dem Begriff *shamrock* auch andere Pflanzen und Blumen mit drei Blättern angedeutet werden.

Kleepflanzen mit mehr als drei Blättern waren nicht nur ein Glückssymbol. Ihnen wurden auch allerlei magische Qualitäten zugeschrieben. Beim Eingang einer Kirche konnten vierblättrige Kleeblätter angeblich nachweisen, wer eine Hexe war oder nicht. Wenn eine Frau durchs Gras lief und versehentlich auf diese Pflanz trat, so standen dieser Unglücklichen alle möglichen Qualen und Elend bevor. In den gleichen beängstigenden und negativen Erwartungshorizont passt auch der alte bayrische Glaube, dass ein Feld voller Weißklee angeblich den herannahenden Tod eines Familienmitglieds ankündigte.

Heilkunde und Küche

Alle nachfolgenden Informationen treffen ausschließlich auf den Rotklee (*Trifolium pratense*) zu. Alten Rezepten zufolge wirkt eine Mischung aus Klee-, Kamillen- und Malvenblüten hervorragend gegen Schwermut, wenn der Blütenaufguss dem Badewasser zugefügt wird. Klee wird in der Volksheilkunde vor allem seiner Duftstoffe wegen geschätzt und darum stellt man auch ätherisches Öl aus ihm her. Obwohl man diese Pflanze noch nicht ausschöpfend nach ihren wirksamen Stoffen untersucht hat, hat sich schon herausgestellt, dass sie Blut reinigend wirkt. Tee aus Rotklee ist zudem ein Mittel zur Stimulans der Leber- und Gallenfunktion ist. Die Pflanze wird vor allem in Osteuropa geschätzt. Dort wird Klee-Extrakt zur Heilung von Wunden und zur allgemeinen Besserung nach Operationen empfohlen.

Sowohl die Blüten als auch die Blätter sind essbar. Die Blüten können in Salaten oder als Brotbelag gegessen werden, die jungen Blätter werden Suppen oder Gemüsegerichten sowie Soßen und Salaten zugefügt. Außerdem kann von den Blüten, vermischt mit Apfelsinen, Hefe und Zucker, auch eine Art Wein hergestellt werden, der nach einer Gärzeit von etwa vier Wochen ein außergewöhnlich gutes Mittel gegen Schwermut ist.

Es gibt noch einen anderen in medizinischer Hinsicht interessanten Klee, den so genannten Echten Steinklee (*Melilotus officinalis*). Diese Pflanze heißt jedoch nur so und ist kein echter Klee (*Trifolium*), sondern ein anderes Mitglied der Familie der Schmetterlingsblütler.

Eigenschaften

Mehrjährige Pflanze, blüht etwa von Mai bis Juli, erreicht eine Höhe von 15 bis 70 cm, der Durchmesser der Blüten beträgt 2 bis 3 cm.

Kornblume

Andere Namen: *Tremse*
Englisch: *Cornflower, Bachelor's-Button, Bluebottle*

Centaurea cyanus

Familie der Korbblütler (Compositae)

Ursprünglich stammt die Kornblume aus den Mittelmeerländern, doch sie ist schon seit Jahrhunderten im restlichen Europa und in anderen Ländern mit einem vergleichbaren Klima eingebürgert. Das Wort *Cyanus* im lateinischen Namen weist darauf hin, dass die Grundfarbe, die auch am häufigsten vorkommt, cyanblau ist, das heißt blau mit einer Spur zartgrün. Außer diesem typischen Blau kann die Pflanze manchmal auch weiße oder violette Blüten haben - nicht nur die gezüchteten Gartenhybriden, sondern auch wild wachsende Blumen. Die Blumen stehen, zwar nicht mehr so häufig wie früher, am Rande von Kornfeldern. Das ist auch der Grund für die Namen Kornblume und *Cornflower*. Heute findet man diese Pflanzen jedoch häufiger als Zierpflanze in Gärten als wild wachsend, da der nach dem Krieg verrückt spielende Agrarsektor die Blumen als Unkraut begreift und sie auch dementsprechend behandelt.

Farbskala

Blau, violett, rosa, purpurrot, weiß

Symbolik

Der erste Teil des botanischen Namens leitet sich vom griechischen *kentaureion* her, was im Latein der Römer zu *centaurea* wurde. Beide Wörter deuten auf die Zentauren hin, die in vielen europäischen Mythen vorkommen: Legendäre Wesen, halb Mensch und halb Pferd, die wegen ihrer heilkundigen Kenntnis und Erfahrung berühmt waren. Es handelt sich hier wahrscheinlich um die ersten Stämme aus den Steppen, die Entdecker des Reitens, die aus dem Norden und Osten kommend manchmal in das griechische Territorium einfielen, wo das Reiten gänzlich unbekannt war. *Chiron*, einer dieser „Pferdemänner", wurde eines Tages von einem vergifteten Pfeil schwer verwundet (siehe Eisenhut), doch er wurde gerettet und geheilt mit dem Saft der *Centaurea cyanus*, die ihren Namen aus diesem Grunde bekam.

Die Heilkräfte der Kornblume haben auch dazu geführt, dass die Pflanze in manchen Gegenden als Schutz gegen das Böse galt, das heißt gegen Dämonen und Teufel, gegen Albträume und Unglück. In der populären Blumensprache symbolisiert die Kornblume eine wählerische Art und Sensibilität. Es ist allerdings keine Legende bekannt, die dies erklärt. Andere Assoziationen, wie Treue und Beständigkeit, haben eher mit der blauen Farbe im Allgemeinen zu tun als mit dieser Blume.

Die Kornblume ist das Blumenemblem von Deutschland.

Centaurea cyanus

Heilkunde und Küche

Der Saft von Kornblumen wird manchmal noch in Dampfbädern gegen eine trockene Gesichtshaut gebraucht. Die Blume wird in der alternativen Heilkunde auch als Blütenheilmittel eingesetzt. Die alte griechische Legende über die Kornblume wird mehr oder weniger von Heilern in der Renaissance bestätigt, die die Blume bei entzündeten Augen verschrieben sowie um das Blut zu reinigen und um Wunden zu desinfizieren. Die Blüten dienen heute hauptsächlich als Lieferant von Farbstoffen für Nahrung und Getränkeen. Sie sind auch ein Bestandteil bestimmter Shampoos und Hautcremes.

Eigenschaften

Ein- oder zweijährige Pflanzen, blühen etwa von Mai bis August und erreichen eine Höhe von 25 cm bis 1 m, der Durchmesser der Blüten, die sich aus zahlreichen kleineren Blüten zusammensetzen, beträgt 2 bis 5 cm.

Es ist eine von Insekten oft besuchte Pflanze. Bienen, Hummeln und Schmetterlinge sind versessen auf Kornblumennektar.

Lampionblume

Andere Namen: *Blasenkirsche, Kapstachelbeeren*
Englisch: *Chinese Lantern, Japanese Lantern, Winter cherry, Strawberry tomato*

Physalis spp.

Familie der Nachtschattengewächse (Solanaceae)

Die Lampionblume, *Physalis alkekengi* und ihre diversen Verwandten, sind nicht speziell ihrer weißen Blüten wegen bekannt oder beliebt, sondern vor allem dank ihrer erst grünen und später orangeroten bis roten Fruchtkelche, die Lampions sehr ähnlich sehen. Jeder dieser „Lampions" enthält eine kirschengroße Beere, die im Prinzip essbar ist. Nur wenige Menschen können sie jedoch wirklich genießen, da diese Frucht einen starken, manchmal sauren und oft auch bitteren Geschmack hat. Der englische Name *Strawberry Tomato* und der deutsche Name Blasenkirsche sind darum ziemlich irreführend und die niederländischen und deutschen Worte *Jodenkers* und *Judenkirsche* war einst deutlich diskriminierend gemeint. Trotzdem waren die Namen jahrzehntelang in Gebrauch.

Ebenso wie die *Physalis peruviana* (nicht so sauer) und verwandte Arten kommt auch die in unseren Gebieten oft leicht erhältliche *Physalis alkekengi* ursprünglich aus Südamerika. Die orangeroten Fruchtkelche halten sehr lange, wenn sie getrocknet werden. Sie haben dank ihres dekorativen Aussehens einen festen Platz in Herbststräußen oder Blumengebinden bekommen, die ausschließlich aus Trockenblumen bestehen.

Farbskala

Weiße Blüten, orange Frucht

Symbolik

Diese Blumen spielen keine wichtige Rolle in der Symbolik, Wappenkunde oder Mythologie.

Heilkunde und Küche

Obwohl die Früchte essbar und reich an Vitamin C sind, enthalten die grünen Teile der Pflanze auch leicht giftige Stoffe, die zu einer Irritation des Magens und der Därme führen können (Erbrechen, Durchfall), wobei eventuell die Hilfe eines Arztes nötig ist. In homöopathischen Mengen kann *Physalis alkekengi* jedoch Abhilfe bei Blasenleiden schaffen, insbesondere bei Bettnässen. Heute wird diese Pflanze eingehend untersucht auf Grund der Vermutung, dass die Früchte Bestandteile enthalten, die einen deutlichen Einfluss auf den Menstruationszyklus und die Fruchtbarkeit der Frau haben.

Eigenschaften

Mehrjährige Pflanze, blüht etwa von Juni bis August, erreicht eine Höhe von 50 cm bis 1 m und hat kleine weiße Blüten.

Lilie

Andere Namen: *Jesus Lilie, Madonnen Lilie, Taglilie*
Englisch: *Lily, Madonna Lily, Daylily*

Lelium candidum

Familie der Liliengewächse (Liliaceae)

Sehr viele Blumen tragen den Namen Lilie oder werden zumindest im Volksmund Lilie genannt, ohne dass sie in botanischer Hinsicht auch wirklich zur Lilienfamilie (*Lilium*) gehören. Ein Beispiel ist im Englischen die Verwendung des Namens *Calla lily* (tatsächlich ein Aronstabgewächs oder *Zantedeschia*) sowie die Inkalilie (Alstroemeria spp.) oder die Taglilie (*Hemerocallis* spp.).
In der Symbolik und Mythologie spielt ausschließlich die weiße Lilie (*Lilium candidum*) eine wichtige Rolle, im Gegensatz zu Heilkunde und Küche, wo auch die Taglilie Verwendung findet. Weiße Lilien wurden schon vor 3.500 Jahren, im Zeitalter der Minoischen Kultur, auf Kreta kultiviert und sie erreichten Europa wahrscheinlich durch die seefahrenden Phönizier.

Farbskala

Weiß (Lilium candidum)
Viele verschiedene Farben (Alstroemeria spp., Hemerocallis spp.)

Symbolik

In Ägypten war die weiße Lilie der großen Göttin *Isis* geweiht, den Griechen war sie als „Blume der Blumen" bekannt. Die Römer nannten sie „Rose der *Juno*" (Göttin der Ehe) und sie machten die Blume

Lilium candidum

Lilium candidum

zu einem der zwei wichtigsten Attribute bei einer Hochzeitsfeier. Die Blume stand für Reinheit, der Weizen hingegen für Fruchtbarkeit. Im Gegensatz zu dieser römischen Interpretation war die Lilie in China, Indien und Japan ein Symbol der Fruchtbarkeit, wobei der Blumenkelch das Weibliche und der Stempel das Männliche repräsentiert – rein auf der Basis der Formen interpretiert, auch ist dies in botanischer Hinsicht falsch.

Im Christentum hat die Lilie eine besondere Bedeutung auf Grund der Tatsache bekommen, dass es unmöglich ist, ihren Duft in einem essenziellen Öl zu fangen. Ein frommer Klosterbruder kam eines Tages auf die Idee, dass dies ein Zeichen für besondere Reinheit ist und durch diesen Umstand sollte sie ein geeignetes Symbol für die unbefleckte Madonna werden, aus diesem Grunde auch der Name Madonnenlilie. In der Schweiz und in England wurden frisch geschnittene Lilien über die Tür gehängt, da man dachte, dass sie Kräfte besaßen, um negative Einflüsse fern zu halten. Anderswo wurde aus Lilien und Löwenmaul ein Gebräu bereitet, dass die Haut ewig jung halten sollte. Heute ist die weiße Lilie vor allem als Trauerblume bekannt. Wird sie einer lebenden Person geschenkt, so hat sie die Bedeutung „ich küsse deine Hand".

Die weiße Lilie kommt oft auf Abbildungen der Tarotkarte Nummer 1, Der Magier, vor. Das erinnert nicht nur an die Legende von Doktor Faust und den Lebenslilien der Zauberer von Frankfurt, sondern sie ist auch ein Symbol für die ultimative Aufgabe des Magiers: Balancieren zwischen Licht und Finsternis, männlich und weiblich, himmlischen und irdischen Kräften. Die Lilie gilt auch hier als eine Blume, die sowohl das Weibliche als auch das Männliche symbolisiert, was die sechs Blütenblätter der Blume noch zusätzlich betonen, die in voller Blüte einen sechszackigen Stern bilden: Ein Hexagramm, das an sich schon diese Bedeutung hat.

Heilkunde und Küche

Sowohl im alten Griechenland als auch in der mittelalterlichen Heilkunde der Hildegard von Bingen waren weiße Lilien auf Grund ihres günstigen Einflusses auf die Heilung von Wunden bekannt. Bis ins neunzehnte Jahrhundert hinein dienten die Blütenblätter des Kelchs als Verband für Brandwunden, und es wurde ein Öl gegen Ohrenschmerzen und Hautleiden aus ihnen hergestellt. Die weiße Lilie kann auch auf verschiedene Art und Weise in der Küche verwendet werden. Nach einigen Rezepten werden die Blumen selbst nicht gegessen, sondern sie verleihen Honig und Essig ein besonderes Aroma, aber es gibt auch ein Rezept für geschlossene Lilienknospen, die frittiert und mit Zucker und Mehl zu einer süßen *Tempura* verarbeitet werden.

Manche Taglilien, *Hemerocallis graminea* zum Beispiel, sind ebenfalls essbar und werden in China und Japan in Salz eingelegt oder mit an-

Prachtlilie
Gloriosa superba

Inkalilie
Alstroemeria ligtu hybride

Inkalilie
Alstroemeria ligtu hybride

Spinnenlilie
Hymenocallis sp.

derem Gemüse zusammen gekocht. Die chinesische Sprache kennt für die Taglilie sowohl den Namen *Goldenes Gemüse* als auch *Pflanze der Vergessenheit*, wobei der letzte auf den leicht giftigen Blättern der Pflanze basiert, die eine betäubende Wirkung haben und auch medizinische Verwendung finden.

Eigenschaften

Zwiebelgewächs, blüht etwa von Juni bis September, erreicht eine Höhe von 1 m bis 1,50 m, die Blüten sind trichterförmig, ihr Durchschnitt beträgt circa 7 oder 8 cm. Weiße Lilien haben einen starken Duft, den nicht jeder vertragen kann. Manchen Menschen bereitet er Kopfschmerzen oder es wird ihnen sogar schlecht. Darum ist es keine gute Idee, diese Blumen einem Unbekannten zu schenken. Der Name Taglilie weist auf die Tatsache hin, dass sie nur einen Tag blüht. Die Inkalilie ist sehr empfindlich; sie verträgt den Geruch von Obst, Gemüse, Tabak oder Benzin nicht.

Hemerocallis
'Barbara Mitchell'

Hemerocallis
'Corelli'

Hemerocallis
'Mauna Loa'

Hemerocallis
'Siloam Olin Frazier'

Lotus

Andere Namen: *Indischer Lotus, Hornklee*
Englisch: *Lotus, Indian Lotus, Oriental Lotus, Sacred Lotus*

Nelumbo nucifera

Familie der Lotusgewächse (Nelumbonaceae)

Es besteht viel Uneinigkeit über die Lotusblume. Der Lotus (*Nelumbo*) galt lange Zeit als Mitglied der Familie der Seerosengewächse (*Nymphaeaceae*) und aus diesem Grund bekamen manche Seerosen den Namen Lotus. Darum werden zum Beispiel auch die in Ägypten vorkommenden blauen und weißen Seerosen (siehe Seite 158) oft Lotus genannt.
Die moderne Wissenschaft kennt zwei Arten des Echten Lotus, den hier abgebildeten Indischen Lotus mit seinen rosaroten bis weißen Blüten (*Nelumbo nucifera*) und den weißgelben Amerikanischen Lotus (*Nelumbo luteum*). Außerdem gibt es einige gezüchtete Arten, deren Färbung von weiß bis dunkelrot variiert.

Farbe

Rosa

Symbolik

In den ältesten Strömungen des Volksglaubens und der Religion Indiens ist der Lotus untrennbar mit der Göttin und ihrem fruchtbaren Schoß verbunden. Im Sanskrit, der alten und heiligen Sprache Indiens, ist der Name *Padma* (Lotus) sogar ein oft verwendetes Synonym für die *Yoni* (weibliche Geschlechtsteile).

In anderen Traditionen des Hinduismus gilt der Lotus als eine Pflanze, die auf magische Weise aus dem Nabel des schlafenden Gottes *Vishnu* wuchs. Als sich die Blüte zum ersten Mal öffnete, befand sich in ihrer Mitte (wo sich die Samen befinden) der Gott Brahma, der Schöpfer in der indischen Dreieinheit. Bei seiner Schöpfung gebrauchte er Teile des Lotus; darum gilt jeder Mensch als der Träger des Geistes des Lotus. Es ist also auch nicht überraschend, dass die so genannten *Chakren*, feinstoffliche Zentren im menschlichen Körper, symbolisch als Lotusblumen dargestellt werden, jede besitzt eine eigene Farbe und eine spezifische Anzahl Blütenblätter. Das höchste Chakra, ein Symbol für das höchste Bewusstseinsniveau, wird als tausendblättriger Lotus abgebildet.

Auch in fast allen Strömungen des Buddhismus in Indien, Tibet, Japan, China und Südostasien kommt der Lotus häufig als Symbol und Metapher vor. Die Wurzeln der auffallend schönen und kurz blühenden Blume mit ihrem reinen und hocherhobenen Kopf stehen ja im Schlamm und in trüben Gewässern – eine Symbolik, die Buddha und seinen Anhängern besonders gefiel. Die Lotussymbolik der Chakren findet man auch im Buddhismus zurück. Die Blütenblätter der Blume kommen häufig in der Tempelarchitektur und religiösen Kunst

Lotus

Lotusteich und Lotusblumen in Ubud, Bali

vor und ein wichtiger heiliger Text trägt den Namen Lotus-Sutra. Außerdem werden die zwei wichtigsten buddhistischen Lehrer, *Buddha* und *Padmasambhava*, oft als aus einer Lotusblume geboren abgebildet.

Ägypten erreichte der Indische oder heilige Lotus (*Nelumbo nucifera*) über Persien, und zwar erst um 500 vor Christus herum. Er hieß der heilige Lotus vom Nil. Ebenso wie in Indien wurden auch in Ägypten einige Gottheiten mit dieser Blume assoziiert, zum Beispiel die Göttin *Sekhmet* und die Götter *Harpokrates* und *Osiris*.
In all diesen Kulturen ist der Lotus zu einem Symbol der Reinigung, Regeneration und des Entsteigens geworden; die Transformation von niedrig (Materie, Schlick, Schlamm) zu hoch (Energie, Bewusstsein, Licht und Schönheit).
Der Lotus ist das nationale Blumenemblem sowohl Indiens als auch Ägyptens.

Heilkunde und Küche

Die alten Ägypter entdeckten, dass sie aus den Samen, zermahlen und mit Milch vermischt, eine Art essbares Brot herstellen konnten. Da diese Samen auch als ein Mittel gegen Darmerkrankungen bekannt waren, war dieses „Brot" zugleich eine gute Medizin.
Auch in Asien werden bestimmte Teile der Pflanze gegessen – heute sind Lotuswurzeln in Konservendosen auch bei uns in Chinaläden erhältlich. Die gedünsteten jungen Sprossen schmecken nach Artischocken und das Innere der Samen ähnelt geschmacklich einer Edelkastanie.
Das Essen der Samen war auch bei den in Amerika einheimischen Indianern gebräuchlich.

Eigenschaften

Mehrjährige Wasserpflanze, wächst in tropischen Regionen Asiens und in Ozeanien (einschließlich Australien) und wird zwischen 1 und 2,5 m hoch, der Durchmesser der Blüten beträgt circa 30 cm. Die Blumen leben nur 3 oder 4 Tage, wobei die Farbe von Tag zu Tag stets heller wird. Nach der Blüte bleibt eine trockene Samenkapsel mit 15 - 20 Öffnungen übrig, die je einen Samen enthalten.

Magnolie

Englisch: *Magnolia*

Magnolie spp.

Familie der Magnoliengewächse (Magnolieceae)

In der botanischen Wissenschaft gehören die Magnolien zu der kleinen Gruppe der Blütenpflanzen, die sich als Erste mit Hilfe von Insekten fortzupflanzen begannen, jetzt eine weit verbreitete, viel vorkommende Art der Bestäubung. Dies deutet darauf hin, dass Magnolien eine lange Evolution erlebt haben, eine Entwicklung, die in Nord- und Mittelamerika und in Asien stattfand. Die Pflanzen sind also nicht in Europa heimisch.

Die erste amerikanische Pflanze erreichte unseren Kontinent erst im siebzehnten Jahrhundert; die erste chinesische erst 1780.

Inzwischen hat sich die Magnolie unserem Klima angepasst. Sie wächst auch hier in Hülle und Fülle, jedenfalls einige der weltweit bestehenden 350 Arten und Hybriden.

Farbskala

Gelb, rosa, dunkel rosa, weiß

Symbolik

Die Form der Blüten gleicht ein wenig der von Tulpen. In diesem Baum sah man oft Biber, die gerne in seine starken Zweige kletterten; darum wurden die bis dahin unbekannten Sträucher im Volksmund Tulpenbaum und in Holland auch Biberbaum genannt. In China verhielt es sich ganz anders, dort stand die Pflanze schon jahrhundertelang in hohem Ansehen. Alle Magnolien im Land galten als exklusives Eigentum des Kaisers und nur er bestimmte, ob einer der Sträucher einen neuen Eigentümer bekam, was eine große kaiserliche Gunst war. Ebenso wie die Pfingstrose hat die Magnolie in China die Bedeutung weiblicher Schönheit und wurde darum auch zu einem erotischen Symbol. Der Volksname der Blume lautet nämlich *Yehe Hua*, „Blume des nächtlichen Beisammenseins". Der offizielle chinesische Name, *Mu-Lan*, hat eine ganz andere Bedeutung. Er hat seinen Ursprung in der Erzählung über eine junge Frau mit dem Namen Mu-lan (um das vierte

Jahrhundert herum). Sie rettete die Ehre ihres Vaters, der keine Söhne hatte, indem sie selbst, als Mann vermummt, in der Armee ihren Dienst antrat. Jahrelang entdeckte niemand ihre wahre Identität, und sie machte eine außergewöhnliche Karriere.
Zwei amerikanische Staaten haben die Magnolie als ihr Blumenemblem gewählt: Louisiana und Mississippi.

Heilkunde und Küche

In China wurden Präparate aus Knospen, Früchten und Zweigen verwendet, um Blutarmut zu heilen und Magnolia officinalis (chinesisch *Hou-Po*) wird auch heute noch angepflanzt und auf Grund der stärkenden Mittel, die aus der Rinde hergestellt werden, weltweit exportiert.

Eigenschaften

Mehrjährige Pflanze, blüht etwa von April bis Juni und kann eine Höhe zwischen 5 und 15 m erreichen. Sobald die schönen, starken Blüten bestäubt sind, werden sie zusehends brauner und verwelken innerhalb einiger Stunden.

Magnolia 'Peppermint Stick'

Sternmagnolie - *Magnolia stellata*

Margerite

Andere Namen: *Gänseblume, Margaretenblume*
Englisch: *Marguerite, Daisy*

Chrysanthemum leucanthemum

Familie der Korbblütler (Compositae)

Der lateinische Name verrät es schon: Die Blume, die wir Margerite nennen, ist in botanischer Hinsicht eine Chrysantheme (siehe Seite 38). Um die Sache noch komplizierter zu machen, ist die Margerite obendrein eine „große Gänseblume" (siehe Seite 62). Trotz dieser Sprachverwirrung hat die unscheinbare Margerite, die überall an Wegen und auf Deichen wächst, doch eine eigene, wenn auch bescheidene Tradition.

Obwohl es heute viele chrysanthemenartige Margeriten oder margeritenartige Chrysanthemen gibt, ist die Urform leicht erkennbar an ihrem weißen Blütenkragen in Form eines Strahlenkranzes mit einem hellgelben Herzen in der Mitte. Von den Blumen, die als Kapmargerite (*Dimorphoteca* spp.) bekannt sind, hat eine Art fast die gleichen Kennzeichen, allerdings ist das Herz ist nicht gelb sondern blau bis tief violett.

Besonders schön ist auch ein andere Art der Kapmargerite (*Osteospermum* spp.), deren merkwürdiger, schöner Blütenblätterkranz, was Form und Farbe betrifft, an Fenster mit Bleiverglasung in Kathedralen oder auch an östliche Mandalas erinnert. Ferner gibt es noch Blumen mit dem Namen Mittagsgold, im Handel besser bekannt als

Chrysanthemum leucanthemum

Gazania, was sich von ihrem botanischen Namen *Gazania rigens* und *Gazania splendens* herleitet, zwei Arten, die die Grundlage moderner Züchtungen sind. Es sind ziemlich große Blumen, deren Färbung eher an Sonnenblumen erinnert.

Farbskala

Gelb, goldfarben, orange, rosa, weiß

Symbolik

Der englische Name *Daisy* leitet sich ursprünglich von *Day's Eye* her, *Auge des Tages*, und weist auf die Tatsache hin, dass die Blumen bei Sonnenaufgang ihre Augen öffnen und bei Sonnenuntergang wieder schließen. Dank dieser Regelmäßigkeit ist die Margerite ein Symbol für die Zeit geworden, jedoch auch für Sorglosigkeit. Diese letztere Bedeutung stammt aus einer Zeit, in der man mit dem Verhalten der Blumen so vertraut war, dass man erkannte, dass sich Margeriten nur bei einem unbewölkten Himmel öffnen. Sowohl *Daisy*, in Englisch sprechenden Ländern, als auch Margarete, in diversen Sprachen, sind beliebte Mädchennamen, die diesen Blumen entlehnt sind. Sie haben die Absicht, einem neugeboren Kind ein wolkenloses, sorgloses Leben zu sichern.

Kapmargerite - *Dimorphoteca* hybride

Ein alter Brauch im Hinblick auf die Margerite ist in Goethes Faust verewigt. Dort benutzt eine junge Frau mit dem sehr passenden Namen Margerite eine so genannte Sternblume als eine Art Orakel. Stets ein weiteres Blütenblatt abreißend sagt sie abwechselnd „er liebt mich" und „er liebt mich nicht". Der Satz, der beim letzten Blütenblatt gesprochen wird, gilt als die wahrscheinlichste Antwort. Goethes Sternblume war eigentlich eine Margerite. Diese einfache Form der

Wahrsagerei war in ganz Europa, von Dänemark bis Italien bekannt, und auf diese Weise wurde auch auf andere Fragen eine Antwort gesucht. Auch heute noch spielen Kinder dieses Spiel, doch die klassische Margerite wird oft durch Gänseblümchen oder margeritenartige Chrysanthemen ersetzt.

Heilkunde und Küche

Diese Blumen finden keine wichtigen Anwendungen.

Eigenschaften

Meistens mehrjährige Pflanzen und einige einjährige, die etwa von Mai bis September blühen und eine Höhe von 30 bis 60 cm erreichen, der Durchmesser der Blüten beträgt 3 bis 6 cm.

Chrysanthemum leucanthemum

Kapmargerite - *Osteospermum* hybriden

Englisch: *Daffodil, Narcissus, Jonquil*

Narzisse

Narcissus spp.

Familie der Amaryllisgewächse (Amaryllidaceae)

Heute kennen wir Narzissen als die im März und April erscheinenden Verkünder des Frühlings und wir denken vermutlich nicht daran, dass diese circa 40 Arten zählende Gattung nicht aus unseren Regionen stammt. Narzissen sind in Südeuropa und der Türkei heimisch und wahrscheinlich hat das römische Heer sie schon von seinen Eroberungszügen mitgenommen. Manche Arten haben sich dem kühleren Klima angepasst, andere wurden als neue Hybriden für unsere Gärten und Parkanlagen gezüchtet. Falls nicht anders erwähnt, beziehen sich die nachfolgenden Informationen an erster Stelle auf die Dichternarzisse (*Narcissus poeticus*).

Farbskala

Blau, gelb, weiß

Symbolik

Einem griechischen Mythos zufolge ist die Narzisse eine Manifestation von *Narziss*, ein schöner Jüngling, dessen Name auch der Ursprung der Begriffe „narzisstisch" und „Narzissmus" ist. Narziss war es zu Ohren gekommen, dass sich die Nymphe *Echo* sehr in ihn verliebt hatte und ihn besonders schön fand. Er empfand zwar nichts für sie, allerdings wurde er sehr neugierig auf sein eigenes Aussehen. Er lief zu einem Teich und beugte sich nach vorn, um sein eigenes Gesicht sehen zu können. Indessen wurde Echo von Kummer verzehrt und die Götter oder das Schicksal straften Narziss; er fiel in den Teich und verschwand. An der Stelle, wo er gekniet hatte, erschien die erste Narzisse. Durch diesen Mythos hat die Blume die Bedeutung von unerwiderter Liebe bekommen und ist selbstverständlich auch ein Symbol für Hochmut und Arroganz geworden.

Diese Geschichte machte auf manche Menschen großen Eindruck. In England glaubte man im viktorianischen Zeitalter noch immer, dass die Blume eine gefährliche Ausstrahlung hatte und dass Vorsicht geboten war, da sonst Unglücke passieren konnten. Schriftsteller und Dichter haben die Narzisse so oft besungen, dass namentlich die weiße Blume Dichternarzisse genannt wird: Eine buchstäbliche Übersetzung des botanischen Namens *Narcissus poeticus.* In China, wo das neue Jahr im späten Februar beginnt, wenn die Narzissen schon blühen, gilt die Blume als ein Zeichen des Glücks. Auch in der chinesischen Mythologie ist die Blume mit einer Nymphe verbunden. Im Gegensatz zur griechischen Nymphe Echo ist diese chinesische Nymphe unsterblich. Die Blume hat diese Assoziation mit der Unsterblichkeit erhalten. In der Türkei, wo eine herrlich duftende

Narzisse vorkommt (*Narcissus jonquilla*), gilt die Blume als ein Symbol für Leidenschaft und Verlangen.
Die Narzisse ist das Blumenemblem von Wales, das heute ein Teil von Großbritannien ist, früher jedoch eine selbstständige Nation war.

Heilkunde und Küche

Die Zwiebeln sind für Mensch und Tier giftig und auch der Saft der Blumen enthält Stoffe, die zu Hautreizungen führen können. Es ist jedoch auch bekannt, dass die Römer den Saft gebrauchten, um Brandwunden oder verschmutzte Wunden zu reinigen. Im neunzehnten Jahrhundert wurden die Blütenblätter in Medikamenten verarbeitet, da man dachte, dass in der Narzisse beruhigende und krampflösende Stoffe vorkommen. Heute finden bestimmte Arten, wie die blaue *Narcissus jonquilla*, vor allem Absatz in der Parfümindustrie.

Eigenschaften

Zwiebel- und Knollengewächs, blüht etwa von März bis Mai, erreicht eine Höhe von 40 bis 60 cm, die Blüten sind trompetenförming und können etwa 8 cm lang sein. Als Schnittblumen können Narzissen nicht mit anderen Blumen kombiniert werden, weil ihr Saft einen Stoff enthält, der andere Blumen schnell verwelken lässt.

Narcissus sp.

Nelke

Andere Namen: *Grasrose*
Englisch: *Carnation, Clove-pink*

Dianthus spp.

Familie der Nelkengewächse (Caryophyllaceae)

Da die meisten Arten der wilden Nelke im Mittelmeergebiet vorkommen – mehr als 200 – scheint die Pflanze dort ihren Ursprung zu haben, eine Theorie, die von der Tatsache untermauert wird, dass sich der niederländische Name *anjer* vom Ortsnamen Angera herleitet, einer am Lago Maggiore gelegenen Ortschaft. Inzwischen trifft man Nelken auch in Asien und Afrika an, ganz zu schweigen von der großen Anzahl kommerzieller Kreuzungen auf allen Kontinenten. Der Name *Dianthus* bedeutet „göttliche Blume" (griechisch: *Dios anthos*).

Farbskala

Samtrot, gelb, karmesinrot, rosa, weiß

Symbolik

Die symbolische Bedeutung der Nelke ist ebenso verschieden wie die Vielfalt der Arten und Farben. Im Christentum symbolisiert eine weiße Blume die jungfräuliche Reinheit und eine rote das Blut der Märtyrer; die Blume im Allgemeinen ist manchmal ein Symbol von Petrus, wenigstens in Italien. Auf Grund ihres Ursprungs im Mittelmeergebiet wurde die Nelke das nationale Blumenemblem von Monaco und dies führte auch zur Feier eines „Tages der Nelke" (29. Juni) in einigen Gebieten Italiens. Ferner wurde die Blume das Symbol für die nach ihr genannte Nelkenrevolution in Portugal. Es besteht eine bemerkenswerte Übereinstimmung der Nelkensymbolik Chinas und Europas. In der Porträtkunst der Renaissance ist eine Nelke in der Hand eines Mannes nämlich das Symbol schlechthin für eine bevorstehende Verlobung und in China ist sie ein Symbol für die Ehe. Nelken schenken oder geschenkt bekommen hat meistens eine Bedeutung, die mit der Liebe oder ihrer Abweisung zusammenhängt. Die rote Varietät deutet auf leidenschaftliche Liebe hin („ich muß dich sehen"), eine rosa Nelke zurückbekommen bedeutet „ja, gerne", eine zweifarbige hingegen sagt laut und deutlich „nein danke". Völlige Ablehnung oder sogar Geringschätzung wird in diesem Zusammenhang mit einer oder mehreren gelben Nelken zum Ausdruck gebracht. Im alten Griechenland flocht man zeremonielle Kränze aus Nelken, die bei Festen und Einweihungen getragen wurden.
Die Nelke ist das nationale Blumenemblem sowohl Sloweniens als auch des amerikanischen Staates Ohio.

Heilkunde und Küche

Die bekannteste Verwendung von Nelken in der Volksheilkunde ist wahrscheinlich das französische Getränk mit dem Namen *Ratatafia*.

Rote Nelke

Ein weißer Nelkenstrauß

Chinesische Nelke *(Dianthus chinensis)*

Man bereitet es, indem man einem Liter Cognac oder Weinbrand ein halbes Pfund frische Blütenblätter zusetzt und das Ganze in einer gut verschlossenen Flasche zehn Tage ziehen lässt. Nach dieser Periode wird der Inhalt der Flasche gesiebt. Es ist ein Getränk entstanden, das, vermischt mit Honig, den Menschen vor vielen Leiden schützt, insbesondere Verdauungsstörungen und andere Darmbeschwerden. Es sind auch Rezepte bekannt, die empfehlen, die Blütenblätter Omeletts oder Marmelade hinzuzufügen, und zwar nicht nur des Geschmacks wegen, sondern weil man glaubt, dass sie Unermüdlichkeit bewirken. Angesichts des deutlichen und oft starken Gewürznelkendufts vieler Nelkenarten wurden ihre Blütenblätter manchmal benutzt, um Wein oder andere Getränke mit ihnen abzuschmecken, vor allem in jener Zeit, in der die echte Gewürznelke noch ein seltenes und teures Gewürz war. Von daher stammt wahrscheinlich auch der alternative Name Nagelblume und sicher auch der englische Name *clove-pink* (Gewürznelke).

Eigenschaften

Es gibt einjährige, zweijährige und mehrjährige Arten, die Blütezeit dauert von Mai bis September.
Besonders schöne und populäre Arten sind die Bartnelke (*D. barbatus*) und die Prachtnelke (*D. superbus*).

Nepenthes-Kanne

Englisch: *Pitcher plant*

Nepenthes spp.

Familie der Kannenpflanzengewächse (Nepenthaceae)

Von allen „Insekten fressenden" oder „Fleisch essenden" Pflanzen sind nur die Arten der Familie *Nepenthes* relativ einfach zu züchten; das ist der Grund, warum wir sie häufiger auf Märkten oder bei exklusiven Blumenhändlern finden als die so genannte Venusfliegenfalle (*Dionaea muscipula*) oder den Sonnentau (*Drosera filiformis*).
Kannenpflanzen wachsen in den Regenwäldern in Ländern und auf Inseln im Indischen und Stillen Ozean. Aus der Wildnis von Borneo haben sich die Pflanzen in alle Windrichtungen verbreitet: Die Grenzen ihrer Domäne sind Madagaskar und Sri Lanka im Westen, Assam im Norden, die Philippinen im Osten und Sumatra im Süden.

Der Begriff „Insekten fressende" Pflanze ist nicht sehr akkurat. Eigentlich wäre „insektenverdauende" Pflanze besser. Bestimmte Blätter der Pflanze wachsen nämlich zu Kannen heran, die zu einem Drittel mit einem Nektar gefüllt sind, der viele Enzyme enthält. Die Insekten, die hier hineingeraten, werden chemisch abgebaut. Von den auffälligen Kannen, die bis zu 30 cm groß sind und vom honigsüßen Nektarduft angelockt, fallen sie in dieses unfreiwillige Bad und ertrinken. Die wenigen, die zu entkommen versuchen, indem sie an der Kanne hochklettern, stimulieren die Nektar produzierenden Drüsen zusätzlich und werden wieder nach unten transportiert. Die Pflanzen, die überwiegend in stickstoffarmen, sumpfigen Gebieten leben, ergänzen mit Hilfe der verdauten Insekten genau diejenigen Stoffe, die ihnen fehlen und die sie zum Überleben benötigen.

Farbskala

Grün, violett-braun, rot

Symbolik

Diese Blumen spielen keine wichtige Rolle in der Symbolik, Heraldik oder Mythologie.

Heilkunde und Küche

Es gibt keine medizinischen Verwendungen dieser Blumen und sie spielen keine Rolle in der Küche. Die Stängel dieser

Kletterpflanzen werden in Ländern wie Sri Lanka und Malaysia zu Tauen verarbeitet, aus denen Körbe geflochten werden.

Eigenschaften

Nepenthes ist eine bedrohte Art. In Deutschland ist zum Beispiel der Import von in der Natur gepflückten Pflanzen verboten. Es darf ausschließlich mit Pflanzen aus Gärtnereien gehandelt werden.

Nepenthes spp.

Orchidee

Orchis spp.

Familie der Orchideengewächse (Orchidaceae)

Die hier genannte Gattung *Orchis* ist nur eine der vielen Orchideenfamilien, sie hat jedoch der sehr großen Familie der Orchidaceae ihren Namen gegeben, die aus mehr als 20.000 Arten besteht, die in über 750 Gattungen unterteilt sind. Die Gattung *Orchis* ist in Europa und dem Nahen Osten heimisch und wurde schon von den Griechen so genannt – *orchis* bedeutet Hode – auf Grund des Knollenpaars, das jede Pflanze besitzt. Diese Gattung ist ein Beispiel für die im Boden wurzelnden Orchideen (die so genannten Erdorchideen), die meisten anderen Gattungen und Arten wachsen jedoch in der Luft (*epiphytische Orchideen*), das heißt auf Bäumen.

Orchideen wachsen fast überall auf der Welt, außer in den Wüsten und Polgebieten. Die bekanntesten und spektakulärsten Arten kommen aus Asien, Ozeanien und aus Mittel- und Südamerika:

Gattung	**Herkunft**
Aerides spp.	tropisches Asien
Brassia spp.	Brasilien, Peru
Cattleya spp.	Brasilien, Mexiko
Dendrobium spp.	Indien, Birma, Philippinen, Japan, China, Australien
Epidendrum spp.	Mexiko und andere mittel- und südamerikanische Länder
Oncidium spp.	Brasilien, Mexiko, mittelamerikanische Inseln
Orchis spp.	England, Griechenland, Russland, Türkei, Iran
Paphiopedilum spp.	Thailand, Malaysia und andere asiatische Länder
Phalaenopsis spp.	Indonesië, Philippinen
Vanda spp.	Thailand, Malaysia, Philippinen
Vuylkstekeara-hybriden	nicht zutreffend; moderne Kreuzungen
Wilsonara-hybriden	nicht zutreffend; moderne Kreuzungen

Orchideen sind heute wahrscheinlich die beliebtesten Zimmerpflanzen. Ihre Zucht und ihr Export hat weltweit ökonomische Bedeutung, wobei einige Länder – Australien, Deutschland, England, Niederlande, Singapur, Thailand und die USA (Hawaii) – eine besonders wichtige Rolle spielen.

Farbskala

Fast alle Farben

Symbolik

Auch in China ist die Orchidee von alters her eine beliebte Pflanze. Ihre Symbolik, die auf Duft und Sexualität basiert, hat zu Ausdrücken geführt wie *Orchideenzimmer* oder *goldenes Orchideenbündnis*. Der erste Begriff deutet den Geruch des Zimmers eines frisch verheirateten Paars an, der zweite besagt, dass zwei Personen des gleichen Geschlechts intime Freunde sind, sexuell oder nicht. Interessant ist auch, dass der chinesische Name *Lan* sowohl die Orchidee als auch die Iris

andeutet. Obwohl diese zwei Blumenarten nicht miteinander verwandt sind, hat das chinesische Auge ihre äußere Ähnlichkeit deutlich erfasst (siehe Seite 86). Auch außerhalb von China wird die Orchidee fast immer erotisch oder sexuell interpretiert. Nicht nur das griechische *orchis* (Hoden), auch das lateinische *vagina* (Scheide), wovon sich sowohl „Vanille" (siehe unten) als auch „Vagina" herleiten, sind ein Beispiel hierfür.

Heilkunde und Küche

Eine der bekanntesten Orchideen ist der Lieferant des bekannten Würzmittels Vanille. Der Tatsache hat sie auch ihren Namen zu verdanken: Vanille-Orchidee (*Vanilla planifolia*). Die Azteken mischten Milch mit Vanille, denn sie waren davon überzeugt, dass sie ihnen zusätzliche Kraft verlieh.

Aus einer anderen Orchideenart wird ein weniger bekannter Nährstoff gewonnen, das so genannte *Salep*, ein essbares Gelee, das aus den Zwiebeln der *Orchis latifolia* und *Orchis mascula* bereitet wird und auch heilkräftig ist. Salep wird vor allem in der Türkei und im Iran gegessen, anderswo wird es als Heilmittel bei Magen- und Darmstörungen eingesetzt und auch als Mittel, um offene Wunden abzudecken und die Heilung zu fördern.

Eigenschaften

Viele Orchideen haben keine bestimmte Blütezeit, sie blühen im Prinzip das ganze Jahr über. Ferner unterscheiden sich die Blumen im Hinblick auf ihre Größe und Blütezeit viel zu sehr voneinander, um sie hier beschreiben zu können.

Paradiesvogelblume

Strelitzia spp.

Paradiesvogelblumenfamilie (Strelitziaceae)

Eine besonders Aufsehen erregende Blume, die ihren populären Name erhalten hat, weil sie ein wenig einem fliegenden Paradiesvogel gleicht, einer der farbenprächtigsten, schönsten Vögel der Welt.
Der lateinische Name wurde zu Ehren der englischen Königin Charlotte gewählt, deren voller Name Charlotte von Mecklenburg-Strelitz lautete.
Die Blumen der Art *Strelitzia* wurden botanisch lange Zeit der verwandten Familie der Bananengewächse zugeordnet (*Musaceae*), zu der auch die diversen Heliconia-Arten gerechnet wurden. Erst seit kurzem schätzt man sie als so einmalig ein, dass sie als selbstständige Familie angesehen werden.
Es gibt nur drei Arten von *Strelitzia*, die ursprünglich aus Afrika stammen. Wer nicht in die Tropen reist, bekommt meistens nur die *S. reginae* zu sehen, eine Blume, die oft bei besseren Blumenhändlern erhältlich ist. Heute kann man die Blumen auch in Südamerika, Florida und Hawaii finden:

Strelitzia nicolai
Mehr oder weniger dieselbe Form wie *S. reginae*, doch ihre Blüten sind weiß und zartviolett und das Deckblatt ist meistens dunkelblau oder rotbraun gefärbt. Dies ist die größte aller Strelitzien; sie kann wild wachsend eine Höhe von fast 10 m erreichen.

Strelitzia parvifolia
Ebenso wie bei der *S. reginae* sind die Blüten gelborange und blau, doch die Pflanze ist etwas kleiner als *S. reginae* (bis zu etwa 1,25 m groß)

Strelitzia reginae
Die bekannte und elegante Blume mit auffälligen blau und orange gefärbten Blüten, die aus einem rotgrünen Schutzblatt herausragen, wird 1 bis 2 m groß.

Farbskala

Gelb und blau, weiß und mauve

Symbolik

Die Blumen spielen so gut wie keine Rolle in der Mythologie, doch in der Sprache der Blumen bedeutet das Schenken von Paradiesvogelblumen, dass eine wichtige Entscheidung getroffen wurde, nämlich die Entscheidung, alles Mögliche zu tun, um den anderen für sich zu gewinnen. Die Paradiesvogelblume weist darauf hin, dass eine Phase angebrochen ist, in der man einer angebeteten Person sehr ernsthaft „den Hof macht".

Die Blume ist ein Teil des Stadtwappens von Los Angeles.

Heilkunde und Küche

Es sind keine wichtigen Verwendungen dieser Blumen bekannt.

Eigenschaften

Eine Pflanze, die in unserem Klima nicht wachsen kann, außer in einem Gewächshaus mit genau dem richtigen Verhältnis von Licht, Wärme und Luftfeuchtigkeit.

Passionsblume

Englisch: *Passionflower, Apricot vine, Maypop*

Passiflora spp.

Passionsblumen- & Granadillengewächse (Passifloraceae)

Der Name Passionsblume ist ein Sammelname für über 200 Arten, die überwiegend in Mittel- und Südamerika heimisch sind, eine kleine Anzahl in Asien und Australien und eine einzige Art auf der Insel Madagaskar. Passionsblumen sind Kletterpflanzen – es gibt einige Arten, wie die *Passiflora careulea*, die sich inzwischen unserem Klima angepasst haben und hier an einem sonnigem Standort gut gedeihen. Einheimische Stämme im Amazonasgebiet kennen die Blume und ihre Frucht als Maracuja.

Farbskala

Blau, gelb, violett, weiß

Symbolik

Das Wort „Passion" ruft bei vielen Menschen ein Bild von Liebe oder Leidenschaft wach. Die Symbolik dieser Blume jedoch, der sie ihren Namen entlehnt hat, basiert auf dem Leidensweg von Jesus von Nazareth, auf der Phase des letzten Abendmahls, der Kreuzigung und des Tods; ein Leiden, das mit „Passion" angedeutet wird in Wörtern wie Passionsspiel, Passionszeit oder der Matthäuspassion von Bach. Als die spanischen Besatzer diese Blume in den mittelamerikanischen Tropen kennen lernten, kam ein jesuitischer Mönch auf die Idee, die diversen

Passiflora caerulea

Passiflora citrina

Teile der Blume mit dem Leidensweg von Christus in Zusammenhang zu bringen: Die zehn Blütenblätter stellten die zehn Apostel dar (Judas und Petrus nicht mitgerechnet), die drei Stempel wurden das Symbol für die Dreieinigkeit und der Kranz der schmalen, farbigen Blättchen um den Stempel war die Dornenkrone. Schließlich wurde der Fruchtknoten als der in Essig getränkte Schwamm interpretiert. Im Christentum ist diese Interpretation nicht universell akzeptiert, es gibt auch andere Einteilungen und Interpretationen. Die drei Stempel symbolisieren dann die Nägel am Kreuz, der dreifarbige Kranz, der die Bestäubungsorgane umgibt, ist auch hier die Dornenkrone, doch der gestielte Fruchtknoten gilt als Symbol für den „Kelch des Herrn".

Heilkunde und Küche

In warmen Gebieten werden Passiflora edula und einige andere Arten ihrer wohlschmeckenden und oft übersüßen Früchte wegen gezüchtet, die früher schon zur regulierenden Nahrung der Inkas und anderer einheimischer Völker gehörten. Die Früchte von diversen Arten tragen Namen wie *Granadille*, *Markisa*, oder *Curuba*. Diese Früchte sind also essbar und werden bei uns meistens in Form von tropischen Fruchtsäften angeboten.

Die Pflanze enthält Alkaloide und andere wirksame Stoffe in Blüten, Blättern und Zweigen. Man kann einen Tee aufbrühen, der als Beruhigungsmittel bei Angst, Spannungen und Schlaflosigkeit Linderung bringt; eine Wirkung, die auch den Stämmen im Regenwald bekannt war. In Deutschland wurde die Pflanze im achtzehnten Jahrhundert sogar gegen Epilepsie eingesetzt. Heute sind Präparate aus *Passiflora incarnata* in vielen europäischen Ländern vollkommen akzeptiert und legal. Sie werden stets eingehender untersucht, immer über sie veröffentlicht. Das Besondere an diesen Mitteln ist die Tatsache, dass in mehr als zwanzig Jahren kontrollierter Anwendung keine einzige negative Nebenwirkung wahrgenommen wurde.

Eigenschaften

Mehrjährige Pflanze, blüht etwa von Mai bis August, kann eine Höhe von bis zu 10 m erreichen, der Durchmesser der Blüten beträgt 5 bis 10 cm. Die Blüten werden häufig von Schmetterlingen besucht.

Passiflora violacea

Passiflora caerulea 'Constance Elliott'

Passiflora caerulea

Petunie

Englisch: *Petunia*

Petunia spp.

Familie der Nachtschattengewächse (Solanaceae)

Die Petunie ist mit der Tabakpflanze (*Nicotiana* spp.) so nahe verwandt, dass ihr Name auf dem brasilianischen Wort *petun* basiert, das „Tabak" bedeutet. Das ist sicher nicht ganz falsch, da die Ähnlichkeit zwischen diesen beiden Pflanzen so groß ist, dass man die relativ kleine Petunie mit der großblumigen Tabakpflanze hat kreuzen können.

Die ersten Petunien erreichten Europa 1823 und 1831. Schon einige Jahre später hatte sie so viele Liebhaber für sich gewonnen, dass professionelle Züchter die Pflanze zu kultivieren begannen. Heute gibt es viele kultivierte Arten, die sich dem nördlichen Klima angepasst haben und in unseren Gebieten auch zur Blüte kommen können. All diese Hybriden, von denen *Petunia grandiflora* die bekannteste ist, basieren auf der ursprünglich aus Südamerika stammenden weißen (*P. axillaris*) oder violetten (*P. violacea*) Petunie. Inzwischen ist es sogar gelungen – mit Hilfe moderner Gentechnologie – auch gelbe Petunien zu kreieren, eine Farbe, die bei wild wachsenden Blumen absolut nicht vorkommt. Es hat jedoch den Anschein, als ob die Natur diejenige ist, die zuletzt lacht; denn viele Samen der gezüchteten Hybriden verlieren ihre neuen Eigenschaften und kehren schon schnell zu ihrer ursprünglichen weißen oder violetten Färbung zurück.

Farbskala

Gelb, rot, rosa, purpurrot, violett, weiß

Symbolik

Diese Blumen spielen keine wichtige Rolle in der Symbolik, Heraldik oder Mythologie.

Heilkunde und Küche

Ebenso wie viele Nachtschattengewächse ist die Petunie im Prinzip giftig, wenn eine zu große Menge konsumiert wird. Wo die Grenze liegt, ist in diesem Moment noch nicht deutlich, wir wissen allerdings, dass die Indianer im heutigen Ecuador die Pflanze als Halluzinogen verwendeten. Nach Schultes und Hofmann (in *Pflanzen der Götter*) führt die Einnahme der *Petunia violacea* zu einem Gefühl der Levitation oder sogar zu dem Gefühl, fliegen zu können. Eingehendere Erforschung ist erforderlich, um die wirksamen Stoffe zu isolieren und ihre Wirkung zu untersuchen, doch diese Information steht bis zum heutigen Tag – zwanzig Jahre nach Pflanzen der Götter – noch nicht zur Verfügung.

Eigenschaften

Einjährige Pflanze, blüht von Mai bis September. Ihre horizontal kriechenden oder hängenden Stängel können etwa 80 cm lang werden; die Blüten sind kelchförmig mit einem Durchmesser von circa 6 cm.

Petunia violacea Hybriden

Pflingstrose

Englisch: *Peony, Pentacost Rose, Paeoni*

Paeonia spp.

Familie der Pfingstrosengewächse (Paeoniaceae)

In etwas älteren Werken wird die Pfingstrose noch als Mitglied der Familie der Hahnenfußgewächse beschrieben, seit kurzem sind die 33 bestehenden Arten dieser Pflanze jedoch in einer eigenen Familie untergebracht.

Ursprünglich kam die Pfingstrose ausschließlich in ihrer typischen roten bis violettroten Färbung vor; später wurden auch weiße, cremefarbene und rosa Kulturvarianten gezüchtet, und zwar nicht allein in Europa, sondern auch in China. Die Pflanze treibt um Pfingsten herum üppige, wohlriechende Blüten, was in ihrem englischen und deutschen Namen wiederzufinden ist. Pfingstrosen sind in den nördlichen, gemäßigten Klimazonen heimisch, von Japan und China über die Steppen bis Europa und auf dem amerikanischen Kontinent. Eine Pflanze mit besonderen Blüten, die meistens nicht duften, ist die japanische Strauchpfingstrose (*Paeonia suffruticosa*), die im Gegensatz zu dem, was ihr Name andeutet, in China heimisch ist, wo zahllose Züchter daran arbeiten, neue Varietäten entstehen zu lassen.

Farbskala

Gelb, violettrot, rot, rosa, weiß

Symbolik

Die Pfingstrose ist in China eine sehr wichtige Blume. Sie gilt dort als die Königin der Blumen und symbolisiert sowohl Reichtum als auch Ansehen und Ehre. Daran anschließend wurde die Pfingstrose das Symbol für Jungfräulichkeit schlechthin. Wenn einer jungen Frau eine weiße Pfingstrose geschenkt wurde, so war das ein Zeichen dafür, dass sie nicht nur ihrer Schönheit, sondern auch ihres Verstandes wegen geschätzt wurde; die rote Pfingstrose war eine deutliche Liebeserklärung und durfte sowohl von Frauen als auch von Männern verschenkt werden. Die Blume symbolisierte nicht nur Jungfräulichkeit, sondern auch Weiblichkeit im Allgemeinen. In dieser Hinsicht ist die Pfingstrose für China und Japan, was die Lotusblume für Indien ist; an erster Stelle ein Kosename für eine besonders schöne Frau und an zweiter Stelle ein deutliches Symbol für den Schoß, der sich für den Geliebten öffnet. Die Echte Pfingstrose ist in China auch das Blumensymbol für den dritten Monat des Jahres und die Baumpäonie (*Paeonia arborea*) ist zudem das Symbol für den Frühling (siehe Anhang Seite 189). In Europa erweckt die Blume ganz andere Assoziationen. Bevor sie mit Pfingsten assoziiert wurde, war sie eine Zauber- und Hexenpflanze. Durch Pfingsten wurde sie zu einer „göttlichen" Pflanze erhoben. Es war tabu, die Blumen tagsüber zu pflücken oder die Pflanze zu verpflanzen; das durfte ausschließlich in der Dämmerung geschehen. Man glaubte, dass eine an der Fassade blühende Pfingstrose das Haus beschützte, und dass einige Samen, die man bei sich trug, Schutz gegen Unheil und Krankheit boten.

Heilkunde und Küche

Sowohl bei den alten medizinischen Verwendungen als auch heute in der Küche handelt es sich ausschließlich um die rote, Echte Pfingstrose oder *Paeonia officinalis*. Die Blume war früher ihres Extrakts wegen bekannt, den man aus den Wurzeln gewann. Er wurde bei Leberleiden eingesetzt und um Spasmen zu vermindern. Letztgenanntes ist wahrscheinlich ein Rest des magischen Glaubens, dass die Wurzel der Pfingstrose, wenn man sie bei sich trug, gegen Epilepsie schützen sollte. Schon im ersten Jahrhundert waren in Griechenland die Heilkräfte der Wurzel der Pfingstrose bekannt. Angeblich konnte sie zwanzig verschiedene Krankheiten heilen. Der Samen von Pfingstrosen hat einen würzigen Geschmack und kann als eine Art Gewürz in vielen Gerichten verwendet werden; auch Wein verleihen die Samen nach ein bis zwei Wochen Reifung einen verfeinerten Duft und ein besonderes Aroma. Außerdem gibt es Rezepte, nach denen die Blumen geschmort werden oder Sirup aus ihnen hergestellt wird.

Eigenschaften

Zwiebel- und Knollengewächs, blüht etwa von Mai bis Juli und erreicht eine Höhe von circa 60 cm. Pfingstrosen können sehr alt werden, manchmal über 30 Jahre. Man hat sogar vereinzelte Pfingstrosen gefunden, die bis zu 100 Jahre alt waren.

oben: *Paeonia suffruticosa* unten: *Paeonia arborea*

Ringelblume

Andere Namen: *Gilgenkraut, Goldblume, Totenblume*
Englisch: *Marigold, Pot marigold*

Calendula officinalis

Familie der Korbblütler (Compositae)

Sehr alte und heilkräftige Blume, die ursprünglich aus dem Mittelmeergebiet stammt, sich inzwischen jedoch in ganz Westeuropa, einschließlich der Britischen Inseln, verbreitet hat. Der Name *Calendula* beruht auf dem lateinischen Wort *calendae* (erster Tag des Monats) und steht mit der Tatsache in Zusammenhang, dass die Ringelblume den ganzen Sommer hindurch jeden Monat aufs Neue blüht.

Farbskala

Apricot, gelb, goldgelb, orange

Symbolik

Im Mittelmeergebiet, vor allem in Griechenland, war die Ringelblume sowohl ein Symbol für Dankbarkeit als auch für liebevolle Erinnerung. Letztgenanntes führte dazu, dass die Ringelblume oft auf dem Grab eines geliebten Menschen gepflanzt oder auf einem Grabmonument abgebildet wurde. Diese Tradition verbreitete sich auch im Norden Europas, darum auch der Name Totenblume. Durch die jahrhundertealte Assoziation mit dem Tod verschob sich die Bedeutung von liebevoller Erinnerung zu Kummer, Schmerz und Trauer. Auf Grund dieser neuen Bedeutung wurde die Blume im Christentum auch ein Symbol für Maria. Im Schmerz um die Kreuzigung ihres Sohnes hat sie diese Blume angeblich auf ihrer Brust getragen. Der englische Name für die Ringelblume, *Marigold* (Marias Gold), zeugt von dieser Legende. Ringelblumen sah man früher in vielen Klostergärten und bei Kirchen, da man monatelang Blumen zur Dekoration der Kirche zur Verfügung haben wollte. In China ist die Ringelblume kein Symbol für den Tod, ganz im Gegenteil, sie steht dort für ein langes Leben oder selbst für Unsterblichkeit; sie trägt dort nämlich den Namen „Blume des ewigen Lebens und „Blume von zehntausend Jahren". Auch in Indien schätzt man die Ringelblume auf andere Weise. Indische Gläubige gebrauchen diese Blumen und die Afrikanischen Ringelblumen (siehe Seite 18), um die Skulpturen von Göttinnen und Göttern mit Blumenkränzen zu schmücken. Die Ringelblume ist vor allem dem Gott Krishna vorbehalten. In den Niederlanden, wo man eine nationale Vorliebe für Orange hat, konnte es natürlich nicht ausbleiben, dass die Blume auch *Oranjebloem* (Oranienblume oder Orangeblume) getauft wurde und auf diese Weise ein Symbol für das „orange Gefühl" wurde, einerlei, ob es sich um das Königshaus oder die nationale Fußballmannschaft handelt.

Heilkunde und Küche

Eine der traditionellen Verwendungen der Ringelblume ist ein Heilmittel gegen Warzen – die Pflanze wird jedoch seit Jahr und Tag auch bei vielen anderen Beschwerden eingesetzt. Die Ringelblume enthält Stoffe, die das Heilen von Wunden stimulieren und Entzündungen bekämpfen, jedoch auch Stoffe, welche die Transpiration fördern und krampflösend wirken. Diese Eigenschaften sind mindestens seit dem Mittelalter bekannt. Die Ringelblume wurde damals schon als Heilkraut angepflanzt. Ringelblumen wurden zum Beispiel auch von Hildegard von Bingen empfohlen, sowohl zur Behandlung von Hautunreinheiten als auch gegen Kopfschmerzen. Auch heute noch wird Ringelblumentinktur in der Kräuterheilkunde eingesetzt, zum Beispiel bei Zahnfleischentzündung, bei Leberleiden oder als Mittel gegen Hautflechten. Eine völlig andere Verwendung der Ringelblume hängt mit ihrer Farbe zusammen. Statt den relativ teuren Safran zu gebrauchen, ist man eines Tages darauf gekommen, Butter und Käse mit Hilfe der Ringelblume eine schöne Farbe zu verleihen oder um Suppen, Reis oder andere Gerichte gelborange zu färben.

In England wurde die Ringelblume anscheinend besonders geschätzt. In bestimmten Rezepten gibt die Blume dem Essen nicht nur Farbe, sondern sie wird auch ihres Geschmacks wegen gebraucht. Beispiele für solche Rezepte hat Greet Buchner in ihrem Rezeptbuch gesammelt (siehe Anhang Seite 190).

Eigenschaften

Einjährige Pflanze, heliotropisch, blüht von Juni bis September, wird 30 bis 70 cm groß, benötigt viel Sonne und nährstoffreichen, lockeren Boden. Das Entfernen verblühter Blumen stimuliert die Bildung neuer Knospen.

Rittersporn

Andere Namen: *Feldrittersporn*
Englisch: *Larkspur, Consound*

Delphinium spp.

Familie der Hahnenfußgewächse (Ranunculaceae)

Der wilde oder Feldrittersporn (*Delphinium consolida*) ist in unseren Gegenden fast ausgestorben und kommt hauptsächlich noch in Osteuropa und der Türkei vor. Die Pflanze mit ihren circa 400 Artgenossen der Gattung *Delphinium* ist zwar in den kühleren Klimazonen heimisch, doch offensichtlich war sie der Umwelt des zwanzigsten Jahrhunderts nicht gewachsen. Was uns bleibt ist der Gartenrittersporn (*Delphinium ambigua*) und zahlreiche Kreuzungen mit anderen Arten von *Delphinium*: Hybriden in allen Farben, die in den vergangenen 250 Jahren von Amateuren und professionellen Züchtern kreiert wurden. Der Natur ist es jedoch gleichgültig, dass die heutigen Pflanzen für den Garten bestimmt sind. Oft kommen die Samen doch in der freien Natur zurecht und manchmal verwildern die Hybriden wieder. Deswegen treffen wir den Rittersporn auch an Waldrändern oder an den Rändern von Feldern an.

Farbskala

Blau, rosa, rot, türkis, violett, weiß

Symbolik

Die alten Griechen waren wahre Liebhaber von Geschichten. Die griechische Mythologie kennt verschiedene Erzählungen über Blumen, zum Beispiel über die Anemone und die Hyazinthe, die aus dem Blut irgendeines Helden entstanden sind. Das gilt auch für den Rittersporn. Dieses Mal spielt sich die Geschichte im Trojanischen Krieg ab: Der legendäre Held *Ajax*, entehrt und völlig erschüttert, beging Selbstmord und aus seinem Blut blühte der erste Rittersporn auf.
Die Griechen gaben der Pflanze den Namen *Delphinium*. Sie sahen nämlich in der noch geschlossenen Knospe die Form des Mauls eines Delphins und nicht, wie im deutschen Namen durchklingt, die Form der metallenen Sporen an den Stiefeln eines Ritters. Vom alten griechischen Mythos stammt wahrscheinlich auch die Bedeutung der Pflanze in der Blumensprache, in der der Rittersporn für Leichtsinn und Launenhaftigkeit steht.

Heilkunde und Küche

Ebenso wie andere Mitglieder der Familie der Hahnenfußgwächse ist auch der Rittersporn giftig, vor allem seine Samen und unreifen Früchte. Von dieser Pflanze wurden berauschende Mittel hergestellt, damit man beim Würfelspiel gewann, doch sie wurde, mit böswilligen Absichten, auch als Mordwaffe eingesetzt. Es ist interessant, dass *D. consolida* Stoffe mit einer erwiesenen, insektentötenden Wirkung enthält, während man *D. ajacis* in England früher als Gegengift bei

Delphinium consolida

Delphinium consolida

Bienen- und Hummelstichen äußerlich verwendete. Die Pflanze hat eine lange Geschichte unterschiedlichster Verwendungen. Einheimische Stämme in Amerika gewannen einen blauen Farbstoff aus ihr, im alten Europa behandelte man Augenleiden mit Rittersporn. Es gibt Hinweise, dass das giftige Kraut auch bei lebensgefährlichen Skorpionstichen eingesetzt wurde.

Eigenschaften

Sowohl ein- als auch mehrjährige Pflanzen, die oft zwei Mal pro Jahr blühen – im Frühling und Sommer oder im Sommer und Herbst – und eine Höhe von 60 cm bis 1,80 m erreichen.

Rose

Rosa spp.

Familie der Rosengewächse (Rosaceae)

Die Familie *rosaceae* weist eine überraschende Vielfalt an Pflanzen auf, von denen die meisten essbare Früchte tragen, und zwar von der Erdbeere bis zum Pfirsich und von der Mandel bis zur Pflaume. Auch in der Gattung *Rosa*, also der Rosen, gibt es eine Frucht tragende Art, nämlich die *Rosa rugosa* mit den bekannten, Vitamin C-haltigen Hagebutten. Einerseits sehen wir also, dass die Rose unerwartete Familienmitglieder hat, andererseits wurde der Name Rose jedoch einer ganzen Reihe von Blumen zu Unrecht gegeben, die weder etwas mit der Gattung, noch mit der Familie zu tun haben. Das ist jedoch eine Tatsache, die nicht mehr rückgängig zu machen ist. Von der Klatsch- oder Kornrose bis hin zur Stockrose, von der Seerose bis zur Christrose: Dies sind keine Rosen. Nur die Hunds- oder Heckenrose (*Rosa canina*) gehört zu dieser Familie.

Die allbekannte klassische Rose traf man vor dem sechzehnten Jahrhundert noch in fast keinem der Gärten Nordwesteuropas oder Nordamerikas an. Man kannte vor allem die im Norden heimische *Rosa gallica*, die ihrer medizinischen Verwendung wegen auch Apothekerrose genannt wurde. Doch kaum, dass die üppigen Blumen aus Griechenland, aus dem Nahen Osten und China eingetroffen waren, begann das Rennen des Züchtens und Experimentierens, das zu dem heutigen Überfluss an Varietäten geführt hat. Die Rose wurde zur „Blume der Blumen" auserkoren und seitdem ist sie aus unserer Kultur nicht mehr wegzudenken.

Farbskala

Gelb, rot, rosa, pfirsichfarben, weiß

Symbolik

Die Rose ist eine allbekannte und populäre Blume, die von Leuten und Gruppen jeder Art gebraucht wird, um ihre Ideen, Werte und Normen zu symbolisieren: Von der Politik, in der die rote Rose international das Logo der sozialistischen Parteien geworden ist, bis hin zum Christentum, in dem die Rose das Zeichen für Jesus' Märtyrertum ge-

worden ist. Die Rose ist ein gutes Beispiel, uns daran zu erinnern, dass keine einzige Blume von Natur aus etwas symbolisiert, sondern dass irgendeine Lobby sich stets die Bedeutung ausgedacht hat.
Das frühe Christentum vermied zum Beispiel jegliche Assoziation mit der Rose, da die Blume bei den so genannten Heiden populär war und ein Symbol für Liebe und Lust, Orgien und Ausschweifungen war. Und es ist ja auch eine wilde Rose gewesen (*Rosa canina*), die die qualvollen Dornen für die Dornenkrone geliefert hat. Jahrhunderte später sehen wir jedoch ein ganz anderes Bild. Plötzlich ist die Rose ein Zeichen für ein reines Leben ohne Sünde, für die Liebe von Christus, für die Vergänglichkeit des Lebens. Maria ist die „Rose ohne Dornen" und die fünf Kronblätter der Rose weisen auf die fünf Wunden des Gekreuzigten hin. Doch die Geschichte kann ironisch sein, denn im Zeitalter des permanenten Krieges zwischen Christentum und Islam gebrauchten die Anhänger Allahs geweihtes Rosenwasser, um Moscheen zu reinigen, die von christlichen Eindringlingen besudelt worden waren. Im Islam glaubte man nämlich, dass die Rose angeblich aus dem Blut und Schweiß des Propheten Mohammed entstanden ist.

Auch auf Tarotkarten kommt die Rose oft vor, in der Version von Waite sogar drei Mal. Der Narr (Karte 0) hält eine weiße Rose in seiner linken Hand, der Magier (Karte 1) ist ganz von roten Rosen und weißen Lilien umgeben und die Assistenten des Hohepriesters (Karte 5) tragen mit Rosen und Lilien verzierte Gewänder. Die Kombination von Rosen und Lilien kann aus der esoterischen Symbolik her-

aus erklärt werden, in der die Rose das männliche Prinzip verkörpert und die Lilie das weibliche. In dieser Bedeutung spielen die Rose und die Lilie auch eine Rolle bei der Einweihung in verschiedene Gesellschaften, worauf sowohl Karte 1, als auch Karte 5 hinweisen.

Die Rose ist das Blumenemblem diverser Länder – Bulgarien, England und Südkorea (*Rose of Sharon*) – und mehrerer amerikanischer Staaten: Georgia (*Cherokee Rose*), Iowa (*Wild Rose*) und New York. Das Königreich England kannte seinerzeit sogar die so genannten Rosenkriege (*Wars of the Roses*, 1455-1485), in denen das Haus Lancaster, das die rote Rose im Wappen führte, mit dem Hause York, dessen Symbol die weiße Rose war, um den Thron kämpfte.

Heilkunde und Küche

Früher fand die Rose in der Heilkunde oft bei Hunderten von Leiden Anwendung, doch heute hat, außer der Blumenhändler, vor allem die Parfümindustrie wirtschaftliches Interesse an diesen Blumen. Jedoch auch in der Küche spielen sowohl die Blütenblätter als auch die Rosenknospen eine Rolle, ebenso wie das bekannte Rosenwasser, das vor allem in der chinesischen und indischen Küche verwendet wird. Die einfachste Methode, um Rosen zuzubereiten, ist Tee von den dunkelroten Rosenblättern aufzubrühen, von denen die unteren, weißen Zipfel entfernt worden sind. Nachdem das Ganze zehn Minuten gezogen hat, ist es ein herrliches Getränk. Wer es süß mag, fügt noch einen Löffel Honig hinzu.
Etwas ganz besonderes sind eingelegte Rosen:
Unreife, noch grüne Rosenknospen können mit Essig und Zucker zu begrenzt haltbaren, jedoch sehr exklusiven Mixedpickles umgewandelt werden.

Vor allem die Blütenblätter können auf die verschiedenste Art und Weise gebraucht werden, vorausgesetzt, dass sie unbehandelt sind und aus dem eigenen Garten kommen. Sie werden in den Morgenstunden von reifen, duftenden Rosen gepflückt und man kann mit ihnen nicht nur Marmelade herstellen oder Honig aromatisieren, sondern sie eignen sich auch für überraschende Rezepte, wie ein Apfel-

Rosen-Gericht, gezuckerte Rosenblätter, Rosen-Käse-Gericht oder gefüllte Eier mit Rosenblättern (siehe Seite 190 unter Buchner).

Eigenschaften

Mehrjährige Pflanzen, blühen etwa von Mai bis August und erreichen eine Höhe von 40 bis 60 cm. Leider sind heute viele Rosenarten im Handel, die keinen oder kaum einen Rosenduft verströmen, obwohl der Duft eigentlich eine charakteristische Eigenschaft dieser Blume ist.

Salomonssiegel

Andere Namen: *Weißwurz*
Englisch: *Salomon's seal*

Polygonatum odoratum, Polygonatum multiflorum
Familie der Knöterichgewächse (Polygonaceae)

Das Salomonssiegel ist eine wild wachsende Waldpflanze mit duftenden, zierlichen, milchweißen Blüten. Im Herbst erzeugt die Pflanze schöne, schwarze Beeren, die für Vögel essbar, für Menschen jedoch giftig sind, da sie diverse *Glukoside* enthalten. Man unterscheidet die wohlriechende Weißwurz (*Polygonatum odoratum*) und das vielblütige Salomonssiegel (*Polygonatum multiflorum*). Daneben gibt es noch einige Hybriden.

Farbskala

Weiß, grünlich weiß

Symbolik

Obwohl der Name darauf hindeutet, spielt das Salomonssiegel keine besondere Rolle in der Heraldik oder Symbolik. Der Name beruht auf der Tatsache, dass der ausdauernde Wurzelstock dieser Pflanze – ihr horizontal kriechender, unterirdischer Stängel – im Hinblick auf seinen Durchmesser mehr oder weniger dem Siegel von König Salomon ähnelt. Das trifft auch auf die Narben an den abgestorbenen Stängeln der vorhergehenden Jahre zu; auch sie kann man als Abdrücke von Salomons Siegelring interpretieren.

Heilkunde und Küche

Der alte botanische Name des Salomonssiegels, *Polygonatum officinalis*, deutet darauf hin, dass die Pflanze früher in Klöstern schon zu medizinischen Zwecken verwendet wurde. Dieselben Stoffe, welche die

Beeren giftig machen – ein Kind kann sogar daran sterben, wenn es sie isst – sind auch in den Wurzeln enthalten. Auf die richtige Art und Weise zubereitet und verabreicht, senkt das *Glucochinin* den Blutzuckerspiegel und wirkt harntreibend. Daneben findet das Salomonssiegel sowohl in der traditionellen als auch in der modernen Heilkunde bei Prellungen und Schürfwunden Anwendung; es hatte sogar den Ruf, offene Wunden zu heilen und gebrochene Knochen wieder zusammenwachsen lassen zu können. Im siebzehnten Jahrhundert wurde eine Mischung von Salomonssiegel (Wurzelextrakt) und Schlüsselblumen (Blütenblätter) gebraucht, um Altersfalten im Gesicht zu glätten.

Eigenschaften

Mehrjährige Pflanze, blüht vor allem in Mischwäldern in den Monaten Mai und Juni. Die Pflanze erreicht eine Höhe von 60 cm bis 1 m und trägt kleine, hängende Blüten. Achtung: Alle Teile der Pflanze sind bei innerlicher Anwendung giftig.

Schafgarbe

Andere Namen: *Sumpfgarbe*
Englisch: *Yarrow, Milfoil, Bloodwort*

Achillea millefolium

Familie der Korbblütler (Compositae)

Die bescheidene Schafgarbe ist typisch für eine Pflanze, die die meisten Menschen heute einfach übersehen: Sie weist keine prächtigen Farben oder spannenden Formen auf, die die Aufmerksamkeit auf sich ziehen könnten.
Dennoch ist sie eine Pflanze, die im Westen von Kelten und Griechen, und im Osten von den Chinesen sehr geschätzt wurde.

Farbskala

Meistens weiß, manchmal rosa

Symbolik

Diese Blume spielt keine wichtige Rolle in der Heraldik oder Mythologie, doch ihre bekannten Blut stillenden Eigenschaften galten in China als ein Zeichen der Kraft, Harmonie in eine chaotische Situation zu bringen. Deswegen wurde das *I Ging*, das alte und ehrwürdige Orakelbuch, auch bekannt als *Das Buch der Wandlungen*, traditionell mit fünfzig getrockneten Stängeln der Schafgarbe befragt und nicht, wie heute meist üblich, mit nur drei Münzen. Auch die Druiden, die Priester und Magier der Kelten benutzten alte, getrocknete und geweihte Stängel der Schafgarbe, um in die Zukunft blicken zu können, vor allem, um Wettervorhersagen zu machen.

Heilkunde und Küche

Im alten Griechenland war die Heilkraft des Millefolium („Tausendblatt") schon sehr lange bekannt. Es trägt den Namen *Achillea* zur Erinnerung an *Achilles*, der im Trojanischen Krieg dieses Kraut kranken und verwundeten Kriegern verordnete. Homer berichtet sogar, dass diese Kenntnis vom Zentaur (halb Mann, halb Pferd) *Chiron* stammte. Die Tatsache, dass so unverkennbar eine mythische Quelle für die Kenntnis von der Schafgarbe genannt wird, ist ein deutliches Anzeichen dafür, dass ihre Kräfte schon viel früher – und auch außerhalb von Griechenland – bekannt gewesen sein müssen.

In der Küche können Blumen und Blätter, frisch oder getrocknet, bei der Bereitung der verschiedenartigsten Dinge verwendet werden. Man kann Tee mit ihnen aufbrühen, der die Menstruation zu regulieren hilft und auch die Verdauung fördert oder man kann sie als Gewürz verwenden. Die Blüten und Blätter haben einen Geschmack, der Pfeffer gleicht. Das Kauen auf einem frischen Blatt hilft gegen Zahnschmerzen und ein Aufguss von frischen Blütenblättern ist ein erfrischendes Dampfbad für die Gesichtshaut.

Eigenschaften

Mehrjährige Pflanze, blüht etwa von Juni bis August, erreicht eine Höhe von 30 cm bis 1 m und hat Schirme voller kleiner Blüten. Die Blumen werden oft von Schmetterlingen besucht.

Achillea millefolium

Achillea millefolium

Schlafmohn

Andere Namen: *Blauer Gartenmohn*
Englisch: *Poppy, Blue poppy*

Papaver somniferum

Familie der Mohngewächse (Papaveraceae)

Die Gattung der Mohngewächse umfasst circa hundert Arten, die auf der nördlichen Halbkugel der Erde verbreitet sind, unter ihnen der Klatschmohn (*Papaver rhoeas*) und der berühmte Schlafmohn (*P. somniferum*). Obwohl alle Mohngewächse ähnliche Substanzen enthalten, die sowohl giftig als auch von medizinischem Wert sind, unterscheiden wir im Rahmen dieses Buches zwischen dem Klatschmohn (siehe Seite 98) und der hier beschriebenen Pflanze, welche die Ausgangsprodukte für sowohl Morphin und Codein als auch für Opium und Heroin liefert. Der Schlafmohn war schon vielen Kulturen des Altertums seiner medizinischen und magischen Kräfte wegen bekannt. In religiösen Ritualen hatte er einen festen Platz und galt manchmal als heilige Pflanze, wie vor etwa 5.500 Jahren bei den Sumerern.

Farbskala

Blauviolett, violett, rot, weiß

Symbolik

Auch in Griechenland kannte man die Pflanze und ihre Wirkung. Der Schlafmohn galt als göttliches Geschenk und viele Götter und Göttinnen wurden mit dieser Pflanze assoziiert. Skulpturen von diesen Göttern und Göttinnen sind oft mit der charakteristischen Form der Samenkapseln verziert. Auch in anderen Kunstformen kehrt dieses Motiv regelmäßig zurück. Drei Götter mit interessanten Namen sind ganz besonders mit dieser Pflanze verbunden, Namen, die auch heute noch in der Psychologie und medizinischen Wissenschaft verwendet werden:

Thanatos, Gott des Todes – Freud gebrauchte seinen Namen für den verunderstellten „Todestrieb" im Menschen
Hypnos, Gott des Schlafes (Bruder des Thanatos) – die Wörter Hypnose, Hypnotherapie leiten sich von ihm her
Morpheus, Gott der Träume (Sohn des Hypnos) – der Name Morphin

In den Mythen schenkt der Schlafmohn verschiedenen Göttinnen Ruhe, er bietet Trost, trocknet Tränen und bringt Frieden. Im späteren Christentum wurde dies alles mehr oder weniger übernommen und die Pflanze wurde zum Symbol für den so genannten seligen und vorübergehenden Schlaf; ein romantisiertes Konzept vom Tod, der als vorübergehender Schlaf dargestellt wurde, mit dem tröstenden

Traum, dass ein jeder am Tag der Wiederauferstehung vom Posaunenschall der Engel geweckt werden wird.

Heilkunde und Küche

Obwohl die Schlafmohnzucht international besonders strengen Gesetzen und Kontrollen unterworfen ist, werden die Pflanzen in ziemlich großem Umfang zur Herstellung der Medikamente Codein (gegen Erkältung und Husten) und Morphin (Schmerzmittel bei extremen oder langwierigen Schmerzen) angepflanzt. Die Samen dieses Papavers, die hierbei nicht genutzt werden, liefern uns den dunkelblauen Mohn (nicht giftig) für die bekannten Mohnbrötchen und für den beliebten süßen Mohnkuchen, der zum Standardangebot vieler Bäcker gehört. Die Samen enthalten circa 50% Öl. Es sind zwei Arten von Mohnöl im Handel: Die erste Pressung liefert Mohnöl zur kulinarischen Verwendung und die zweite Pressung wird bei der Produktion von Farbe und Seife verwendet.

Opium (von griechisch *opion*, „Pflanzensaft"), das aus dem Saft der Samenkapseln gewonnen wird und heute ein verbotenes Mittel ist,

Papaver somniferum

war in der ersten Hälfte des zwanzigsten Jahrhunderts noch rezeptfrei in der Apotheke unter dem Namen *Laudanum* erhältlich. Es wurde bei diversen körperlichen und psychischen Leiden eingesetzt. In Ländern wie Afghanistan oder Laos, um nur zwei zu nennen, in denen Opium zwar verboten ist, jedoch ziemlich leicht erstanden werden kann, wird es nicht nur als Droge geraucht, sondern findet auch als Medikament Anwendung; es ist ein hervorragendes Mittel gegen Durchfall oder andere Darmbeschwerden. Opium war schon in Sumer und im alten Griechenland bekannt.

Die Entwicklung des äußerst süchtig machenden Heroins hängt nicht mit der Drogenmafia, dem Goldenen Dreieck (Birma, Laos, Thailand) oder China zusammen – im Gegenteil. Vor allem England und Deutschland haben dazu beigetragen – aus kommerziellen und medizinischen Gründen – dass der Schlafmohn sein gefährliches Image bekam und in die Illegalität geriet. Im berüchtigten Opiumkrieg (1839-1842) waren es die Engländer, die das in China verbotene Opium der Bevölkerung aufdrängten. Es waren auch wieder Europäer, die aus Opium das inzwischen unentbehrliche Suchtmittel Morphin entwickelten (1803, Friedrich Wilhelm Sertürner, Deutschland) und aus ihm wiederum das besonders gefährliche und noch abhängiger machende Heroin (1864, C.R. Wright, England).

In den vielen europäischen Kriegen in jener Zeit wurden zahlreiche Soldaten verwundet, die Betäubungsmittel und Schmerzmittel nötig hatten. Durch dieses Bedürfnis kam die Produktion von Morphin in Gang. Die bekannte deutsche Firma Bayer brachte ein Derivat von Morphin, *Diacetylmorphin*, unter dem Namen *Heroin* auf den Markt (1897). Es stellte sich jedoch heraus, dass dieses Mittel gefährlicher als die Beschwerden war, trotzdem wurde es noch bis 1958 produziert und unter bestimmten Bedingungen verkauft.

Eigenschaften

Meistens einjährige, manchmal zweijährige Pflanze, blüht etwa von Mai bis Juli, erreicht eine Höhe von 75 cm bis 1,20 m, der Durchmesser der zarten Blüten beträgt 6 bis 10 cm und ihre runden, kugelförmigen Samenkapseln sind 4 bis 5 cm groß. Pflanzen, die in kühleren Regionen wie bei uns wachsen, haben einen sehr geringen Gehalt an wirksamen Stoffen. Die Ausgangsprodukte für die legale, medizinische Verwendung kommen darum überwiegend aus dem Iran oder aus Ländern in Südostasien.

Schlafmützenmohn

Andere Namen: *Kalifornischer Schlafmützenmohn*
Englisch: *California poppy, Golden poppy*

Eschscholzia californica

Papaverfamilie (Papaveraceae)

Dem Äußeren nach scheint der Schlafmützenmohn eher mit der Butterblume verwandt zu sein, trotzdem ist er ein Mitglied der Mohngewächse. Ursprünglich war er in Amerika heimisch, vor allem in Kalifornien und Oregon. Heute ist diese Blume auch in Europa zu Hause.

Bevor die Pflanze im frühen neunzehnten Jahrhundert über Russland den europäischen Kontinent erreichte, hatten die Spanier ihn schon „entdeckt" – von ihnen hatte er den Namen *copa de oro* oder *goldener Kelch* erhalten. Der botanische Name basiert auf dem Deutschen Dr. Elsholz, der sich an Bord des russischen Schiffs befand, das die Blumen von der Neuen Welt in die Alte brachte.

Farbskala

Überwiegend goldgelb und orange, jedoch auch rosa und weiß

Symbolik

Die Blumen spielen in der Symbolik oder Mythologie keine Rolle von besonderer Bedeutung, sie sind jedoch das Blumenemblem des Staates Kalifornien. Dort steht die Pflanze unter Naturschutz und demjenigen, der sie pflückt oder beschädigt, droht eine hohe Buße.

Heilkunde und Küche

Ebenso wie der Schlafmohn (*Papaver somniferum*) enthält auch diese Pflanze giftige Stoffe, wodurch sie zu den Pflanzen gehört, deren Konsum den Bewusstseinszustand des Menschen beeinflussen können. Das Rauchen der getrockneten Blüten hat einen euphorischen Effekt. Blüten und Samen sind heute in so genannten *Smartshops* erhältlich.

Eigenschaften

Kommen als einjährige und mehrjährige Pflanzen vor, blühen etwa von Juli bis Oktober, erreichen eine Höhe von circa 30 cm, der Durchmesser der Blüten beträgt 5 bis 10 cm.

Eschscholzia californica

Seerose

Andere Namen: *Mummel, Teichrose, Wasserrose, blaue oder ägyptische Lotusblume*
Englisch: *Waterlily*

Nymphaea spp.

Familie der Seerosengewächse (Nymphaeaceae)

Griechischen Mythen zufolge sind Seerosen durch den Tod einer Wassernymphe entstanden, deren Eifersucht sie in den Tod trieb, als ihre Liebe unerwidert blieb; von daher rührt auch der Name *Nymphaeaceae* für diese Pflanzenfamilie. Wild wachsend kommen Seerosen überwiegend in den Farben weiß und blau vor, das sind jene Blumen, die im alten Ägypten und Griechenland oft „Lotus" genannt wurden. Im neunzehnten und zwanzigsten Jahrhundert erschienen jedoch zahlreiche Kreuzungen und Kulturvarietäten, die eine große Vielfalt an Farben aufwiesen.

Farbskala

Hellblau (*Nymphaea careulea*), weiß (*Nymphaea lotus*)

Symbolik

In Ägypten waren die weiße Seerose und die Papyrusstaude zwei nationale Symbole, wobei die Seerose den Norden (Oberägypten) repräsentierte – sowie die geistige Macht des Pharaos – und der Papyrus den südlichen Teil des Reiches (Unterägypten) und die weltliche Macht des Herrschers. Die blaue Seerose war ein beliebtes Symbol auf Abbildungen der Pharaonen; diese Blumen wurden ihres exklusiven Dufts wegen sehr geschätzt. Als 1922 das Grab des Pharaos Tutench-

Seerose in Lovina, Bali

amun gefunden wurde, war sein ganzer Körper mit diesen blauen Seerosen bedeckt.

Die weiße Blume, die oft mit einer Lotusblume verwechselt wird (siehe Seite 110), wurde mit vielen Göttern und Göttinnen assoziiert, von denen *Atum, Isis, Horus, Osiris* und *Ra* die wichtigsten sind. Vor allem Skulpturen des Gottes Osiris wurden manchmal verschwenderisch mit diesen schönen Blumen verziert.
Dadurch, dass die Blüte der Seerosen oder „Lotusblumen" im alten Ägypten mit der Zeit zusammenfiel, in der der Nil über seine Ufer trat – in Ägypten hing eine reiche Ernte davon ab – wurden die Seerosen ein Symbol für Fruchtbarkeit und Wohlstand. Von Ägypten ausgehend erreichte das Symbol der Seerose sowohl die Griechen und Römer als auch die Israeliten, und im Christentum wurde die Blume manchmal mit dem Mythos der „unbefleckten Empfängnis" assoziiert.

Seerose in Maui, Hawaii

In Nordwesteuropa wurde die Seerose mit ganz anderen Dingen assoziiert. Hier sah man die Blume als Unterschlupf und Aufenthaltsort von Wassernymphen und manchmal als Zauberpflanze, mit der man versuchte, böse Geister oder Hexen zu vertreiben.
Verschiedene Seerosenarten sind das Blumenemblem von drei verschiedenen Ländern: Bangladesh, Guyana (Victoria regia) und Sri Lanka (Nymphaea stellata).

Heilkunde und Küche

Die dicken Wurzeln der weißen Seerose enthalten einige wertvolle Stoffe für die Kräuterheilkunde. Die meisten eignen sich sowohl zur Beruhigung der Nerven als auch der Därme. Ein Aufguss von der Wurzel-

Seerose in Amsterdam

knolle ist als harntreibendes Mittel bekannt und findet auch Anwendung, um eine verspätete Menstruation nachträglich auszulösen.
Es gibt Hinweise, dass die Wurzeln von Seerosen im alten Ägypten auch gegessen wurden. Der Grieche Herodot schrieb, dass ihre Wurzeln einigermaßen süß schmecken, doch vielleicht spielte er auch auf die Lotusblume an, mit der die Blume bis auf den heutigen Tag oft verwechselt wird.
In den letzten Jahren hat man entdeckt, dass die in Ägypten häufig vorkommenden Arten *Nymphaea ampla* und *N. careulea* psychoaktive Stoffe wie *Apomorphin* und *Nuciferin* enthalten, eine Entdeckung, die frühere Hinweise bestätigt, dass ägyptische Priester und Priesterinnen die Seerose als bewusstseinserweiterndes Mittel gebrauchten.

Eigenschaften

Es sind ungefähr vierzig Seerosenarten auf der Erde verbreitet, die Größe der Blüte variiert von 1 cm bis 30 cm Durchmesser und die Duftnuance von Tee- bis Rosenduft. Manche Blumen haben die Eigenschaft, tagsüber geschlossen zu bleiben und sich nur in der Dunkelheit zu öffnen, andere lassen sich ins Wasser sinken, wenn die Sonne untergeht und tauchen erst bei Sonnenaufgang wieder auf.

Seerose in Lovina, Bali

Seerose in Berlin

Englisch: *Sunflower*

Sonnenblume

Helianthus annuus

Familie der Korbblütler (Compositae)

Die Sonnenblume wächst fast überall in Europa so üppig, dass man leicht vergisst, dass die Pflanze hier nicht heimisch ist und erst im sechzehnten Jahrhundert aus Nordamerika eingeführt wurde. Der Name Sonnenblume ist eine wörtliche Übersetzung des griechischen *helios* (Sonne) und *anthos* (Blume), wobei der Zusatz *annuus* (jährlich) darauf hinweist, dass es sich um eine einjährige, jedoch jährlich zurückkehrende Blume handelt.

Farbskala

Goldgelb, orange

Symbolik

Ebenso wie die viel kleinere Ringelblume ist auch die Sonnenblume eine so genannte Sonnenwende, die sich stets nach der Sonne ausrichtet. Dies stimmt mit einem griechischen Mythos überein, dem zufolge der Gott *Helios*, nachdem er von den *Titanen* getötet worden war, als Sonne an den Himmel platziert wurde. *Clytia*, die Geliebte des Helios, erschrak so sehr, dass sie an Ort und Stelle in der Erde wurzelte und tagaus, tagein mit ihren Augen und ihrem Kopf dem Lauf ihres Geliebten am Himmel folgte.

Dank des Aussehens der Blumen – eine runde, von einem Strahlenkranz aus goldgelben Blättchen umgebene Scheibe – wurde die Sonnenblume schon kurze Zeit nach ihrem Erscheinen in Europa zu einem häufig verwendeten Symbol für die Sonne selbst, wie zum Beispiel auf der Tarotkarte 19: Die Sonne.

Im Volksglauben fanden die Blumen, teils ihrer beruhigenden Schönheit und teils der Assoziation mit der Sonne wegen, einige magisch-abergläubige Verwendungen, die alle mehr oder weniger mit der Erfüllung von Wünschen in Zusammenhang stehen:
a. Einer Frau, die schwanger werden wollte, wurde empfohlen, Sonnenblumenkerne zu essen.
b. Jemand, der eine Krankheit herannahen fühlte, sollte eine Kette aus Sonnenblumenkernen um den Hals tragen.
c. Um die Wahrheit eines Mysteriums zu entschleiern, wurde nachts eine Sonnenblume unter das Bett gelegt.
d. Ein Wunsch, der beim Schneiden einer Blume am Morgen ausgesprochen wurde, sollte bestimmt in Erfüllung gehen.
Schließlich sollte auch langes Betrachten einer blühenden Sonnenblume trübe Gedanken vertreiben: Die Sonnenblume als *Antidepressivum.*

Heilkunde und Küche

Man kann Sonnenblumenkerne roh essen, sie schmecken jedoch viel besser, wenn man sie kurz röstet. Man kann auch mit Sonnenblumenkernen, Butter, Zucker, Mehl und Vanille in einer Viertelstunde schmackhafte Kekse backen. Solange die Blütenblätter noch nicht gelb geworden sind, sind auch die ungeöffneten Knospen essbar, die, gekocht und gut gewürzt, eine Delikatesse sind. Die Son-

nenblume wird jedoch hauptsächlich auf Grund ihrer essbaren Kerne und ölhaltigen Samen angepflanzt, der Ursprung des in fast jeder Küche vorhandenen Sonnenblumenöls. Qualitativ schlechteres Öl wird in Farbe, Seife und anderer Kosmetika verarbeitet.
Nicht alle Sonnenblumenarten sind gleich. Es gibt zahllose Varietäten und Hybriden, die längst nicht alle zum Verzehr oder zur Herstellung von Öl geeignet, sondern ausschließlich als Zierblumen gedacht sind.

Eigenschaften

Einjährige Pflanze, blüht etwa von Juli bis Oktober, kann eine Höhe von 40 cm bis 4 m erreichen. Sonnenblumen im Garten helfen andere Blumen gegen bestimmte, schädliche Insektenarten zu schützen.

Helianthus annuus

Sonnenhut

Englisch: *Purple Coneflower*

Echinacea purpurea

Familie der Korbblütler (Compositae)

Viele Menschen gebrauchen jahraus, jahrein ein Präparat, das aus dieser Pflanze hergestellt wird. Aus dem roten Sonnenhut wird nämlich das bekannte homöopathische Präparat *Echinaforce* gewonnen. Die Verwendung dieser Pflanze als Heilmittel war schon seit Hunderten von Jahren bei verschiedenen einheimischen Völkern Nordamerikas bekannt; Archäologen haben hierfür in einer Bodenschicht, die rund 1600 datiert, deutliche Beweise gefunden. Die Kenntnis von der Verwendung heilkräftiger Pflanzen war den Medizinmännern und Frauen vorbehalten und die Rezepte wurden nur selten Außenstehenden anvertraut.

Die Pflanze hat Europa in Etappen erreicht. Sie wurde beschrieben und es wurden Heilmittel aus ihr gewonnen, doch danach kam die Pflanze wieder außer Gebrauch, um Jahre später (wieder-) entdeckt zu werden.
Der erste Europäer, der die Pflanze und einige einfache Verwendungen 1762 in einem Buch beschrieb, war L.T. Gronovious. Ihm wurde jedoch wenig Beachtung geschenkt und erst etwa hundert Jahre später entdeckte der Arzt Dr. H. C. F. Meyer die heilkräftige Pflanze in Nebraska aufs Neue. Das Mittel, das er aus der Pflanze herstellte, wurde allerdings bekannt und war von 1880 bis 1945 sehr populär. Als die modernen Antibiotika jedoch Einzug hielten, geriet es wieder in Vergessenheit – denn man glaubte, dass man jetzt über etwas verfügte, das besser war als dieses „altmodische Kräutermittel". Am Ende der fünfziger Jahre war es Black Eagle, zu jener Zeit Häuptling der Sioux-

Indianer, der das Geheimnis aufs Neue offenbarte, und zwar dem Schweizer Arzt Dr. Alfred Vogel. Er nahm den Samen der Pflanze nach Europa mit und begann den Sonnenhut in großem Umfang anzupflanzen. Heute, nach Hunderten von medizinischen Veröffentlichungen und rein wissenschaftlichen Tests jüngeren Datums, haben die Pflanze und die aus ihr gewonnenen Präparate einen soliden Ruf und sind aus dem Arzneimittelschrank nicht mehr weg zu denken.

Farbskala

Purpurrot, weiß

Symbolik

Diese Blumen spielen keine wichtige Rolle in der Heraldik oder Mythologie, doch auf Grund ihrer heilenden Kräfte hat das Schenken eines Sonnenhutstraußes die Bedeutung 'gute Besserung' bekommen.

Heilkunde und Küche

Die bekannteste Verwendung der Pflanze ist eindeutig das homöopathische Mittel *Echinaforce*, das viele Menschen einnehmen, um Grippe und Erkältung vorzubeugen oder zu bekämpfen. Es wirkt auch entzündungshemmend und kann zum Beispiel bei Entzündungen in der Mundhöhle oder der Wurzeln eines Backenzahns eingesetzt werden. Da die wirksamen Bestandteile des Sonnenhuts die Widerstandsfähigkeit des Körpers erhöhen oder wieder herstellen, sind sie auch ein gutes Mittel gegen Stress.
Früher, um 1900 herum, fand das Mittel auch bei sehr unterschiedlichen Erkrankungen wie Schlangenbissen, Geschlechtskrankheiten, Tuberkulose oder Tollwut Anwendung. Von den neun existierenden Arten dieser Pflanze werden vor allem aus *Echinacea purpurea, E. angustifolia* und *E. pallida* Heilmittel hergestellt.

Eigenschaften

Mehrjährige Pflanze, blüht etwa von Juni bis September, erreicht eine Höhe von 70 cm bis zu 1,20 m. Schmetterlinge besuchen sie gern.

Stockrose

Englisch: *Hollyhock, Alcea*

Althea rosea (Alcea rosea)

Familie der Malvengewächse (Malvaceae)

Die Herkunft der Stockrose ist ebenso mysteriös wie die Tatsache, dass diese Blume ausschließlich in Gärten wächst und wild wachsend überhaupt nicht vorkommt. Das weist darauf hin, dass die Blume wahrscheinlich schon seit Tausenden von Jahren kultiviert wird und ohne menschliche Hilfe nicht mehr überleben kann. Manche Sachverständige denken, dass sie ursprünglich aus China stammt, andere meinen, dass der Libanon und Umgebung ihre ursprüngliche Heimat war. Obwohl diese Blume heute für die meisten Menschen vor allem eine Augenweide ist, war sie lange Zeit an erster Stelle als eine besonders heilkräftige Pflanze bekannt.

Farbskala

Gelb, purpurrot, rot, rosa, weiß

Symbolik

Diese Blume spielt keine wichtige Rolle in der Symbolik oder Heraldik, es gibt allerdings eine maltesische Legende, die berichtet, dass die Stockrose beim Auserwählen von Josef als Ehemann von Maria eine Rolle spielte, die damals schon schwanger war. Da Maria jungfräulich und mehr oder weniger übernatürlich schwanger geworden war, fand ein Priester, dass sie anstandshalber doch einen Mann haben müsste.

Man fand zehn Freiwillige und entschied sich für eine Art Auslosung. Jeder der zehn Männer bekam einen toten Zweig in die Hand und Gott wurde angerufen, um eine Entscheidung zu treffen und ein Zeichen zu geben. Das geschah in Form einer roten Stockrose, die plötzlich auf dem Zweig des armen Zimmermanns erschien und sich entfaltete.

Heilkunde und Küche

Die Stockrose findet schon seit unvordenklichen Zeiten medizinische Verwendung. In einer Höhle der Neanderthaler wurden, zugleich mit anderen Kräutern, Reste der Stockrose gefunden. Die Pflanze ist ein Lieferant unterschiedlichster Stoffe: Die Blüten sind ein Grundstoff für Farbstoffe, die Wurzeln liefern hochwertiges Stärkemehl und aus diversen Teilen der Pflanze können Heilmittel hergestellt werden, die eine schmerzstillende, hustenlindernde und entzündungshemmende Wirkung haben.
Die getrockneten Blütenblätter können als Tee getrunken werden, der tiefrot und aromatisch ist, sie können jedoch auch Salaten beigefügt werden. Nach einem Rezept werden junge Stockrosenknospen gekocht und nach dem Abkühlen gegessen. Beim Verzehr von Stockrosen sollte man sich sicher sein, dass sie nicht gespritzt und somit giftig sind, denn sie werden oft gespritzt, um die Pflanze gegen einen schädlichen Pilz (*Puccina malvacearum*) zu schützen, der den Blumen im neunzehnten Jahrhundert fast den Garaus gemacht hat.

Eigenschaften

Zweijährige Pflanze, blüht etwa von Juli bis September, erreicht eine Höhe von 1,50 bis 2,20 m, der Durchmesser der Blüten beträgt 10 bis 20 cm.

Stockrose

Trichterwinde

Andere Namen: *Prachtwinde, Prunkwinde*
Englisch: *Morning Glory, Our Lady's Mantle*

Ipomea spp.

Familie der Windengewächse (Convulvulaceae)

Obwohl die Trichterwinde erstaunlicherweise mit der Süßkartoffel (*Ipomea batatas*) verwandt ist, ist sie eine völlig andere Pflanze, die ganz andere Verwendung findet. Der deutsche Name Trichterwinde erweist der Blume weniger Ehre als das englische *Morning Glory* (Morgenglorie), der viel besser zu den prachtvollen, trichterförmigen Blüten passt, die sich am frühen Morgen in aller Glorie öffnen und sich am frühen Nachmittag schon wieder schließen. Ihre bei Sonnenaufgang noch zarten Farben werden in dem Maße intensiver, wie die Zeit vergeht.
Der botanische Name ist von den griechischen Begriffen *ips* und *homoios* abgeleitet, was „wie ein Wurm" bedeutet, ein sehr passender Name für die wurmartigen, fast sichtbar kriechenden Stängel der Pflanze.

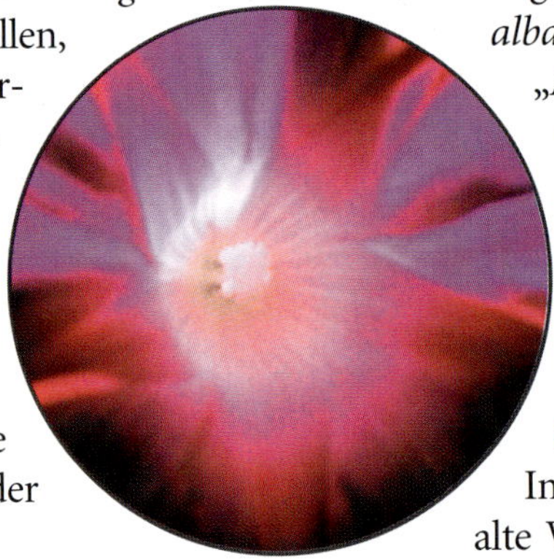

In den tropischen und subtropischen Klimazonen wachsen ungefähr 400 Ipomea-Arten von denen manche, zum Beispiel *Ipomea acuminata*, große Blüten tragen und meterhoch an Baumstämmen hochklettern. Die meisten Arten der Ipomea stammen aus Südamerika und soweit bekannt ist, kam die erste Pflanze erst im siebzehnten Jahrhundert nach Europa. Einige Arten haben sich inzwischen unserem Klima angepasst und sind zu beliebten Zierpflanzen geworden, die jeden Tag eine wechselnde Anzahl neuer Blüten tragen. Eine Pflanze, die exakt die entgegengesetzte Gewohnheit zu blühen hat, ist die *Ipomea alba*, im Englischen bekannt als „Mondblume" oder „Abendglorie". Es handelt sich ebenfalls um eine Trichterwinde, ihre weißen Blüten entfalten sich jedoch nur nachts und schließen sich bei Sonnenaufgang.

Farbskala

Blau, violett, rot, lila, weiß

Symbolik

In Teotihuacan (Mexiko) befindet sich eine 1500 Jahre alte Wandmalerei, auf der eine stilisierte Ipomea-Kletterpflanze mit einer Göttin und einigen Figuren, die Priestern ähneln, abgebildet ist; ein konkreter Beweis für die zeremonielle Verwendung dieser Pflanzen. Bei den Azteken trägt diese Pflanze den Namen *Tlitlitzen*, was „die göttliche Schwarze" bedeutet und – ein Beispiel für aztekische Ironie – darauf hindeutet, dass die Pflanze „Lichtgebend" ist, mit anderen Worten: Visionen hervorruft.

Heilkunde und Küche

Einige Ipomea-Arten, jedoch insbesondere *I. violacea*, wurden von Azteken und anderen Völkern in Mittel- und Südamerika als Halluzinogen und Schmerzmittel sehr geschätzt. Ipomeia wurde häufig bei religiösen Ritualen und magischen Zeremonien gebraucht, die zum Ziel hatten, jemanden von einer Krankheit zu heilen. Abhängig von der Dosis können die aus Ipomea gewonnenen Präparate auch beruhigend wirken und als Schlafmittel eingesetzt werden, sowie als Heilmittel für Hämorrhoiden. Experimentieren Sie nicht selber. Eigentlich kennen nur die südamerikanischen Schamanen die Geheimnisse der Herstellung und Dosierung. Die Pflanzen enthalten giftige Stoffe, die eine Wirkung haben, die mit der von LSD vergleichbar ist.

Eigenschaften

Einjährige Pflanze mit kurz blühenden Blumen, blüht etwa von Juli bis September, kann eine Höhe von bis zu 3 m erreichen, der Durchmesser der Blüten beträgt 6 bis 12 cm. Die im Handel erhältlichen *Ipomea tricolor* und *Ipomea rubro-careulea* sind keine anderen Arten, diese Namen sind Synonyme für die oben beschriebene *Ipomea violacea.*

Ipomea tricolor

Ipomea violacea

Englisch: *Tulip*

Tulpe

Tulipa spp.

Familie der Liliengewächse (Liliaceae)

Diese dem Anschein nach typisch holländische Blume hat ihren Name dem türkisch-arabischen Wort für Turban zu verdanken (*Duliban* oder *Thoulipan*). Diese Namensgebung beruht auf einem Missverständnis: Europäische Besucher dachten, dass dieses Wort die Blumen andeutete, die man oft im Turban statt in einem Knopfloch trug. Eigentlich hieß die Blume sowohl im Türkischen als auch im Persischen *Lale.* Diese Blume, die heute ein wichtiger Bestandteil des niederländischen Exports ist und zudem das internationale *Image* der Niederlande prägt, wurde erst im späten sechzehnten Jahrhundert aus der Türkei in die Niederlande, nach Deutschland und Österreich mitgenommen. Sowohl der flämische Botaniker Carolus Clusius (1526-1609) als auch der flämische Diplomat Ogier Ghislain de Busbequ (1522-1592) führten die Tulpe ein.

Mit Ausnahme der Wilden Tulpe (*Tulipa sylvestris*), die in den Mittelmeerländern heimisch ist, stammen die Tulpen ursprünglich aus einem großen Gebiet, das sich von der Türkei und Persien bis nach Afghanistan und dem südlichen Russland erstreckt. Namentlich in Persien wurden die Blumen, was von alten Abbildungen bekannt ist, schon vor tausend Jahren kultiviert. Schon kurz nach ihrem Erscheinen in Europa hatte die Tulpe eine Schar von Bewunderern gefunden. Um 1600 herum wuchsen Tulpen in fast allen botanischen Gärten der europäischen Städte, von Leiden bis Wien und von London bis Paris. Der Wettlauf der Zucht begann, was dazu geführt hat, dass wir heute unzählige Arten von Tulpen kennen. Vor allem die zweifarbigen Blumen waren sehr begehrt. Man konnte sich nicht erklären, wie dieser Effekt zu Stande kam. Die Nachfrage nach den wandelbaren Zwiebeln wurde so groß, dass im großen Stil mit ihnen spekuliert wurde.

Die Tulpe wurde ein Statussymbol und die Preise stiegen ins Unermessliche. Insbesondere in den Niederlanden wurde eine regelrechte Tulpenmanie entfesselt, die mehr oder weniger mit der heutigen *New Economy* vergleichbar ist. Manche Spekulanten wurden schlagartig reich, andere verloren ihren ganzen Besitz. Manchmal wurde für eine einzige Tulpenzwiebel ein Betrag von 13.000 Gulden hingeblättert. Diese Manie, die zwischen 1634 bis 1637 ihren Höhepunkt erreichte, endete mit einem Börsenkrach – 1637 folgte ein gesetzliches Verbot der Spekulation mit Tulpen.

Farbskala

Alle Farben

Tulipa 'Prinses Irene'

Tulipa 'Apricot Parrot'

Symbolik

In den Ländern ihrer Herkunft waren Tulpen ein Symbol für solch unterschiedliche Dinge wie Trost und Romantik, Ruhm und Liebe. Heute gilt die Blume vor allem als ein Symbol für die Liebe, wobei die rote Tulpe für eine Liebeserklärung steht und die gelbe für eine unerwiderte und hoffnungslose Liebe.

Die Tulpe ist das nationale Blumenemblem mehrerer Länder, unter anderem der Niederlande, Ungarn und der Türkei.

Heilkunde und Küche

Sowohl die Blütenblätter als auch die Zwiebeln sind im Prinzip essbar, es gibt jedoch Menschen, die auf Tulpen allergisch reagieren. Sie können vorübergehend unter Magenschmerzen und Erbrechen leiden. Gekochte Zwiebeln schmecken ein wenig wie Salatgurke, doch sie wurden nur in Zeiten von Krieg und echter Hungersnot gegessen. Beim Essen der Blumen, deren Stempel und Staubfäden entfernt worden sind, geht es eher um eine kulinarische Erfahrung, doch in angelsächsischen Ländern gibt es eine jahrhundertealte Tradition des Tulpenessens. Der größte Liebhaber von Tulpen auf dem Teller war mit Sicherheit der Schriftsteller Ezra Pound; er aß sogar die Tulpen, die nur als Tischdekoration dienen sollten. Beispiele für Rezepte mit diesem Blumen sind mit Äpfeln und Kartoffeln gefüllte Tulpen oder, als Variation, mit einer Mischung aus Kräutern und Eiern.

Eigenschaften

Zwiebel- und Knollengewächs, blüht im Frühling, erreicht je nach Art eine Höhe von einigen Zentimetern bis zu circa 1 m.

Tulipa 'Texas Flame'

Tulipa 'Alice le Clerq'

Veilchen

Andere Namen: *Stiefmütterchen, Dreifaltigkeitsblume, Dreifarbiges Veilchen*
Englisch: *Violet, Pansy, Wild pansy, Our Lady's Delight*

Viola odorata, Viola tricolor

Familie der Veilchengewächse (Violaceae)

Viola ist eine ziemlich große Pflanzenfamilie. Sie umfasst ungefähr 400 Arten, von denen das Gemeine Veilchen (*Viola tricolor*) und das Duft-Veilchen (*Viola odorata*) die bekanntesten und interessantesten sind. Das Gemeine Veilchen ist eine kleine, duftende Pflanze, gemeinsam mit *Viola lutea* und *Viola altaica* (aus Osteuropa und der Türkei) war sie die ursprüngliche Pflanze, aus der alle heutigen Kreuzungen entstanden sind, die oft ebenfalls dreifarbig sind, jedoch andere Namen tragen.

Das ursprüngliche Verbreitungsgebiet dieser Veilchen war Europa, Sibirien, Kleinasien und Nordafrika, doch heute gedeihen sowohl Viola tricolor als auch zahlreiche Hybriden fast überall auf der Welt. Das viel intensiver riechende Duft-Veilchen (*Viola odorata*) ist mehr oder weniger in den gleichen Gebieten heimisch, außer im hohen Norden. Bei dieser Art verbreiten sowohl der Stängel als auch die Blüten einen wohlriechenden Duft.

Farbskala

Blütenblätter: Blau, gelb, violett, lila, weiß
Zeichnung: Blau, gelb, rosa, weiß

Viola tricolor

Viola odorata

Symbolik

Veilchen wurden in verschiedenen Kulturen mit verschiedenen Dingen assoziiert und eine Aufzählung, was die Blumen alles symbolisieren, steckt darum voller Widersprüche. Die kleinen, fröhlich gefärbten Blumen stehen sowohl für Jungfräulichkeit als auch für Fruchtbarkeit, für Bescheidenheit und paradiesische Fülle, für Demut und Hoffnung, für Verführung und spielerische Liebe. Die Aspekte Demut, Jungfräulichkeit und Unschuld sind christliche Assoziationen, die entstanden sind, weil man das Veilchen für eine „Mariablume" erklärte und das Gemeine Veilchen das Symbol für die Dreieinigkeit wurde. Im viktorianischen England wusste man, dass die Blumen in Griechenland ein Symbol der Liebe gewesen waren, doch man beeilte sich, diese Tatsache in eine „reine, unschuldige Liebe" umzuwandeln.

In der griechischen Mythologie kommen Veilchen unzählige Male vor. Wenn zum Beispiel die Göttin *Persephone* (*Kore*) jährlich die Unterwelt verlässt, um die Erde fruchtbar zu machen, wachsen die Blumen überall, wohin sie ihre Füße setzt. Das Veilchen symbolisierte auch *Aphrodite*, Göttin der Liebe und Sexualität und einer ihrer Beinamen lautete „die mit Veilchen behaarte". In Phrygien, in der heutigen Türkei, glaubte man, dass das erste Veilchen aus dem Blut entstanden ist, das auf die Erde strömte, als der Fruchtbarkeitsgott *Attis* sich eigenhändig kastrierte.

In der neueren Geschichte begegnen wir der überraschenden Tatsache, dass Napoleon Bonaparte, der größte Raufbold des achtzehnten und neunzehnten Jahrhunderts, ein ausgesprochener Liebhaber von Veilchen war; man nannte ihn sogar *Corporal Violette* und *Vater der Veilchen*. Er war sowohl auf den Duft als auch auf die Farbe der Blumen versessen und erhob das Veilchen zu seinem kaiserlichen Symbol. Da sich seine Anhänger Veilchen ins Knopfloch steckten, wurde das Veilchen in der Zeit nach Napoleons Fall in Frankreich sogar vorübergehend verboten.

Heute sind Veilchen das Blumenemblem der Republik San Marino, des kanadischen Staats New Brunswick und der amerikanischen Staaten Illinois, New Jersey und Rhode Island.

Heilkunde und Küche

Es ist schwierig, den Duft von Veilchen einzufangen und zu konservieren. Der Veilchenduft in heutigen Parfüms ist darum meistens künstlich oder er stammt von einer anderen Pflanze: Der Iris. Wer doch echtes Veilchenöl will, sollte wissen, dass für ein einziges Gramm drei Kilo Blumen benötigt werden. Veilchen sind oft ein Bestandteil kosmetischer, lindernder Cremes und hautpflegender Seife. In der Kräuterheilkunde geht man noch weiter: Dort setzt man Veilchen bei Akne, Ekzemen und anderen Hauterkrankungen ein. Die Kombination von Vitamin A und C in den Blumen sowie die Farb- und Duftstoffe im Öl haben zu zahlreichen Anwendungen in der Heilkunde geführt; es hilft bei Bronchitis und Erkältung, dient jedoch auch zur Desinfektion oder als Abführmittel.

Das Veilchen wurde früher auch oft in der Küche gebraucht, zum Beispiel in Form eines süßen Sirups. Die Blütenblätter der *Viola purpurea* und *Viola tricolore*, vorausgesetzt, dass sie aus dem eigenen Gar-

ten kommen, sind als Ganzes essbar und können – vorsichtig gewaschen und getrocknet – in Salate und Suppen gestreut werden. Mit Veilchen kann man auch Weinessig, Zucker oder Kuchen ein besonderes Aroma verleihen.

Eigenschaften

Es gibt Veilchen sowohl als ein-, zwei- und mehrjährige Pflanzen, manche blühen zwei Mal pro Jahr, vorausgesetzt, dass sie nach der ersten Blüte im Frühsommer zurückgeschnitten werden. Die Pflanzen werden meistens 10 bis 25 cm groß.

Waldrebe

Andere Namen: Klematis
Englisch: *Clematis, Old Man's Beard, Traveller's Joy*

Clematis spp.

Familie der Hahnenfußgewächse (Ranunculaceae)

Auf Grund ihrer schönen Blüten in zahlreichen Farben sehen wir die Waldrebe heute in vielen Gärten wachsen, an den Mauern teurer Häuser hinaufklettern oder – außerhalb der Stadt – frei stehende Briefkästen fast ganz mit ihrer Blütenpracht bedecken.

Die Pflanze stammt ursprünglich aus Asien, vor allem aus China und Japan und hat dort einen Namen, der übersetzt „Faden-Lotus" lautet; sie ist nämlich eine Liane oder Winde, die leicht und eifrig klettert.

Heute wachsen die vielen Arten der Waldrebe und ihrer Hybriden fast überall auf der Welt. Es gibt inzwischen so viele Variationen, dass es Blumen mit 4, 6, 8 oder 10 Petalen (Blütenblätter) gibt, die man in fast allen Farben des Spektrums antrifft.

Farbskala

Gelb, blau, violett, purpurrot, rosa, weiß

Symbolik

Diese Blumen spielen keine wichtige Rolle in der Heraldik oder Mythologie, doch in der Blumensprache haben sie die Assoziation mit Ungeduld und Fleiß mit dem Springkraut (*Impatiens*) gemein.

Heilkunde und Küche

Obwohl die Waldrebe dafür bekannt ist, eines der Blumenheilmittel zu sein, sind alle Teile der Pflanze bei Verzehr giftig und der Kontakt mit dem Pflanzensaft ruft Blasen auf der Haut hervor. Bedenken Sie, dass Blumenheilmittel lediglich eine sehr kleine und besonders stark verdünnte Menge der Blütenessenz enthalten.

Eigenschaften

Mehrjährige Pflanze, blüht je nach Art etwa von Juni bis September. Fast alle Arten können 3 bis 8 Meter hoch klettern. Der Durchmesser der einzelnen Blüten beträgt 4 bis 20 cm.

Clematis 'The President'

Clematis 'Nelly Moser'

Anhang

Deutsche Namen der Blumen und Pflanzen

Botanische Namen der Arten und Gattungen

Bedeutung / Blumensprache

Götter & Göttinnen

Chinesischer Blumen-Kalender

Frühling	Strauchpfingstrose
Sommer	**Lotus**
Herbst	Chrysantheme
Winter	Pflaume

1. Monat	Pflaume
2. Monat	Pfirsich
3. Monat	**Pfingstrose**
4. Monat	Kirsche
5. Monat	**Magnolie**
6. Monat	Granatapfel
7. Monat	**Lotus**
8. Monat	Quitte
9. Monat	Malve
10. Monat	**Chrysantheme**
11. Monat	**Gardenie**
12. Monat	**Schlafmohn**

Anmerkung
Chinesische Monate beginnen am Tag des Neumondes und das chinesische Jahr beginnt, nach unserem Kalender, am Tag des zweiten Neumondes. Der 1. Monat ist also nicht unser Monat Januar, sondern nimmt einen Teil von Februar und März ein.

Blumen als Emblem
von Ländern und Staaten

Bangladesh: Seerose
Bulgarien: Rose
Kalifornien: Mohn
Deutschland: Kornblume
Ägypten: Lotus
England: Rose
Frankreich: Iris
Georgia: Rose
Griechenland: Akanthus
Guyana: Seerose
Hawaii: Hibiskus
Irland: Klee
Illinois: Veilchen
Indien: Lotus
Indonesien: Jasmin
Iowa: Rose
Japan: Chrysantheme
Jordanien: Iris
Louisiana: Magnolie
Malaysia: Hibiskus
Mississippi: Magnolie
Monaco: Nelke
Niederlande: Tulpe
New Brunswick: Veilchen
New Jersey: Veilchen
New York: Rose
Ohio: Nelke
Österreich: Edelweiß
Pakistan: Jasmin
Polen: Klatschmohn
Rhode Island: Veilchen
Russland: Kamille
San Marino: Veilchen
Slowenien: Nelke
Sri Lanka: Seerose
Tennessee: Iris
Türkei: Tulpe
Ungarn: Tulpe
Südkorea: Rose
Schweiz: Edelweiß

Literaturverzeichnis
Benutzte und empfehlenswerte Literatur

-. *Collins Guide to Waterlilies and Other Aquatic Plants.* London: William Collins & Sons, 1989.
-. *Flora in Focus: Tropische Tuinen.* Alphen ad Rijn: Atrium, 1995.
Comte Eugene Goblet d' Alviella. *De Wereldreis der Symbolen* (1894). Amsterdam: Schors, zonder datum.
Francesco Bianchini, Francesco Corbetta & Marilena Pistoia. *De plant in de geneeskunde.* Helmond, Uitgeverij Helmond, 1976.
Lesley Bremness. *Kruiden: het complete naslagwerk voor het kweken en gebruiken.* Weert: Uitgeverij M&P, 1989.
Greet Buchner. *Bloemen op het bord.* Amsterdam, Uitgeverij Driehoek, 1997.
Jean Chevalier & Alain Gheerbrant. *The Penguin Dictionary of Symbols.* London: The Penguin Group, 1996.
Marcel de Cleene & Marie Claire Lejeune. *Compendium van rituele planten in Europa.* Gent: Stichting Mens en Kultuur, 1999.
Megam de Clercq. *Afrikaantjes in India.* Amsterdam, Bres Nr. 202, Juni/Juli 2000.
Wolfram Eberhard. *Dictionary of Chinese Symbols.* London: Routledge & Kegan Paul, 1986.
James Hall. *Hall's geïllustreerde encyclopedie van symbolen in oosterse en westerse kunst.* Leiden: Primavera Pers, 1996.
Halina Heitz. *Balkon en Kuipplanten.* Baarn: Tirion, 1996.
Vernon H. Heywood. *Bloeiende planten van de wereld.* Baarn: Thieme, 1979.
Wolf-Dieter Kaiser & Reiner R. Vetter. *Narzissus und die Tulipan: Über alte und neue Blumenzwiebeln.* Stuttgart: Ulmer Verlag, 1986.
Takashi Kijima. *Orchideeën: Wonderen van de natuur.* Helmond: Uitgeverij Helmond, 1989.
Jack Kramer. *300 Extraordinary Plants for Home and Garden.* New York: Abbeville Press, 1994.
Angela Kay Kepler. *Maui's Hana Highway: A Visitor's Guide.* Honolulu: Mutual Publishing of Honolulu, 1987.
Harry J. van de Laar. *Klim-, Lei- en Slingerplanten.* Baarn: Tirion, 1998.
Frances Perry. *Scent in the Garden.* London: Cassell Publishers, 1989.
Richard Evan Schultes & Albert Hofmann. *Plants of the Gods.* New York: McGraw-Hill, 1979.
Diana Wells. *100 Flowers and How They Got Their Names.* Chapel Hill: Algonquin Books, 1997.
C.A.S. Williams. *Outlines of Chinese Symbolism and Art Motives.* New York: Dover Publications, 1976.

Danksagung

Die Fotos in diesem Buch sind unter anderem durch die Hilfe einiger freundlicher Freundinnen und Bekannten zu Stande gekommen. Sie stellten nicht nur ihre Gärten oder Gärtnereien zur Verfügung, sie erteilten oft auch Informationen über die genauen Namen spezieller Hybriden. Wir möchten uns an dieser Stelle bei diesen Menschen sehr herzlich für ihre Mitarbeit bedanken.

Alle Fotos der Iris und Taglilien wurden in der Iris- und Hemerocallis Kwekerij Freddy und Marian Joosten, Ruttensepad 7, 8313 PM Rutten gemacht.

Alle Fotos der Fuchsien sind in einem schönen Privatgarten in Purmerend gemacht, Empfehlung und Vermittlung: Leni Hulzebos, Amsterdam.

Einige Fotos kommen aus Privatgärten: De Tiltenberg (Vogelenzang); Kitty Hoedjes (Obdam); Liesbeth Piloo (Centrum Heel en Al, Schoorl) und Anke Kamerman (Amsterdam).

Zum Schluss möchten wir hier auch unsere Bewunderung für die vielen von uns besuchten öffentlichen Gärten an der Hana Highway und anderswo auf Hawaii aussprechen, für einige Orchideenzüchtereien in Malaysia und Thailand, für kleine, jedoch sehr gepflegte Gärten in Amsterdam (Hoofdhof und Windroosplein) und für Einrichtungen wie der Keukenhof und der Amsterdamer Hortus Botanicus und wir möchten uns bei ihren hilfsbereiten Mitarbeitern bedanken. Wir möchten uns auch beim telefonischen Groenadviesdienst der Zeischrift Groei & Bloei bedanken, wo man uns geholfen hat, bestimmte, vom Autor gesuchte ‚Blumen zu finden oder zu bestimmen.

Christina & Rufus C. Camphausen - Amsterdam, 2000

Quellenverzeichnis der Foto's

Dieses Buch enthält 267 Fotos und Illustrationen. Außer den nachstehend genannten Ausnahmen stammen die meisten Fotos (circa 210) in diesem Buch von Christina Camphausen, Amsterdam.

Die Ausnahmen

Circa 50 Fotos und Illustrationen stammen von Rufus C. Camphausen, Amsterdam. Copyright © 2000. Dies sind die meisten Fotos bei den Blumen Nepenthes-Kanne, Dahlie, Hortensie, Lampionblume, Magnolie, Paradiesvogelblume, Schlafmohn und Stockrose und noch einige andere.

3 Fotos vom Edelweiß (Seite 46) wurden von Armin Jagel, Bochum, zur Verfügung gestellt. Copyright © 2000.

2 Fotos der Iris (Seite 89) wurden von Marian Joosten, Rutten, zur Verfügung gestellt. Copyright © 2000.

Fotos ohne Untertitel

Seite 3: Passiflora caerulea (Passionsblume)

Seite 10: Kniphofia hybride (Fackellilie), Nigella damascena (Jungfer im Grünen)

Seite 16: Tulipa sp. (Tulpe)

Seite 17: Von links nach rechts:

Canna indica (Indisches Blumenrohr)

Etlingeria eliator (Ingwerart)

Cyanara scolymus (Artischocke)

Haematocephalia sp. (Calliandra)

Gazania sp. (Mittagsgold)

Seite 182: Hydrangea sp. (Hortensie)

Seite 191: Zinnia sp. (Zinnie)